Basiswissen Sozialwirtschaft und Sozialmanagement

Reihe herausgegeben von

Klaus Grunwald, Duale Hochschule BW Stuttgart, Stuttgart, Baden-Württemberg, Deutschland

Ludger Kolhoff, Fakultät Soziale Arbeit, Ostfalia Hochschule, Wolfenbüttel, Niedersachsen, Deutschland

Die Lehrbuchreihe „Basiswissen Sozialwirtschaft und Sozialmanagement" vermittelt zentrale Inhalte zum Themenfeld Sozialwirtschaft und Sozialmanagement in verständlicher, didaktisch sorgfältig aufbereiteter und kompakter Form. In sich abgeschlossene, thematisch fokussierte Lehrbücher stellen die verschiedenen Themen theoretisch fundiert und kritisch reflektiert dar. Vermittelt werden sowohl Grundlagen aus relevanten wissenschaftlichen (Teil-)Disziplinen als auch methodische Zugänge zu Herausforderungen der Sozialwirtschaft im Allgemeinen und sozialwirtschaftlicher Unternehmen im Besonderen. Die Bände richten sich an Studierende und Fachkräfte der Sozialen Arbeit, der Sozialwirtschaft und des Sozialmanagements. Sie sollen nicht nur in der Lehre (insbesondere der Vor- und Nachbereitung von Seminarveranstaltungen), sondern auch in der individuellen bzw. selbstständigen Beschäftigung mit relevanten sozialwirtschaftlichen Fragestellungen eine gute Unterstützung im Lernprozess von Studierenden sowie in der Weiterbildung von Fach- und Führungskräften bieten.

Beiratsmitglieder

Holger Backhaus-Maul
Philosophische Fakultät III
Universität Halle-Wittenberg
Halle (Saale), Sachsen-Anhalt
Deutschland

Waltraud Grillitsch
Fachhochschule Kärnten, Feldkirchen
Österreich

Andreas Langer
Department Soziale Arbeit
HAW Hamburg, Hamburg
Deutschland

Peter Zängl
Hochschule für Soziale Arbeit
Fachhochschule Nordwestschweiz
Olten, Schweiz

Marlies Fröse
Evangelische Hochschule Dresden
Dresden, Sachsen, Deutschland

Andreas Laib
Fachbereich Soziale Arbeit
Fachhochschule St. Gallen
St. Gallen, Schweiz

Wolf-Rainer Wendt
Stuttgart, Baden-Württemberg
Deutschland

Weitere Bände in der Reihe http://www.springer.com/series/15473

Claudia Rahnfeld

Systemisches Management in sozialwirtschaftlichen Organisationen

Eine Einführung

Claudia Rahnfeld
Duale Hochschule Gera-Eisenach
Gera, Deutschland

ISSN 2569-6009 ISSN 2569-6017 (electronic)
Basiswissen Sozialwirtschaft und Sozialmanagement
ISBN 978-3-658-29211-9 ISBN 978-3-658-29212-6 (eBook)
https://doi.org/10.1007/978-3-658-29212-6

Die Deutsche Nationalbibliothek verzeichnet diese Publikation in der Deutschen Nationalbibliografie; detaillierte bibliografische Daten sind im Internet über http://dnb.d-nb.de abrufbar.

© Springer Fachmedien Wiesbaden GmbH, ein Teil von Springer Nature 2021
Das Werk einschließlich aller seiner Teile ist urheberrechtlich geschützt. Jede Verwertung, die nicht ausdrücklich vom Urheberrechtsgesetz zugelassen ist, bedarf der vorherigen Zustimmung des Verlags. Das gilt insbesondere für Vervielfältigungen, Bearbeitungen, Übersetzungen, Mikroverfilmungen und die Einspeicherung und Verarbeitung in elektronischen Systemen.
Die Wiedergabe von allgemein beschreibenden Bezeichnungen, Marken, Unternehmensnamen etc. in diesem Werk bedeutet nicht, dass diese frei durch jedermann benutzt werden dürfen. Die Berechtigung zur Benutzung unterliegt, auch ohne gesonderten Hinweis hierzu, den Regeln des Markenrechts. Die Rechte des jeweiligen Zeicheninhabers sind zu beachten.
Der Verlag, die Autoren und die Herausgeber gehen davon aus, dass die Angaben und Informationen in diesem Werk zum Zeitpunkt der Veröffentlichung vollständig und korrekt sind. Weder der Verlag noch die Autoren oder die Herausgeber übernehmen, ausdrücklich oder implizit, Gewähr für den Inhalt des Werkes, etwaige Fehler oder Äußerungen. Der Verlag bleibt im Hinblick auf geografische Zuordnungen und Gebietsbezeichnungen in veröffentlichten Karten und Institutionsadressen neutral.

Planung/Lektorat: Stefanie Laux
Springer VS ist ein Imprint der eingetragenen Gesellschaft Springer Fachmedien Wiesbaden GmbH und ist ein Teil von Springer Nature.
Die Anschrift der Gesellschaft ist: Abraham-Lincoln-Str. 46, 65189 Wiesbaden, Germany

Inhaltsverzeichnis

1 Einführung... 1

2 Systemlogiken der Sozialwirtschaft in Deutschland.............. 9
   2.1   Rahmenbedingungen und Organisation der Sozialwirtschaft..... 9
   2.2   Entwicklungslinien zur Steuerungslogik in
       der Sozialwirtschaft.................................... 14
   2.3   Soziale Dienstleistungen als Kernelement des
       Sozialmanagements...................................... 17
   2.4   Spannungsfelder in der Sozialwirtschaft..................... 21
   2.5   Systemtheorie und Sozialmanagement...................... 25
   Literatur.. 26

3 Organisationen aus systemtheoretischer Sicht verstehen.......... 29
   3.1   Systemtheorie.. 29
       3.1.1   Wissenschaftstheoretische Entwicklungslinien
            und Grundannahmen.............................. 29
       3.1.2   Systemische Organisationstheorie..................... 34
   3.2   Zum systemischen Verständnis von Organisationen............ 35
       3.2.1   Die verschiedenen Seiten von Organisationen........... 35
       3.2.2   Selbstreferenzialität und Umweltabgrenzung........... 38
       3.2.3   Organisationskulturen.............................. 39
       3.2.4   Kopplung Mensch und Organisation.................. 42
   Literatur.. 47

4 Soziale Einrichtungen systemisch führen....................... 49
   4.1   Management – Begriff und Dimensionen.................... 49
       4.1.1   Traditionelle Vorstellungen von Management und
            Steuerung.. 49

4.1.2 Systemtheoretische Perspektive auf Management und
Steuerung 53
4.2 Steuerungsmöglichkeiten von Organisationen................ 57
4.2.1 Kommunikationsstruktur 57
4.2.2 Programmstruktur 59
4.2.3 Personalstruktur 60
4.3 Funktionsbereiche und Kompetenzen in einem reflexiven
Führungsverständnis 62
4.3.1 Zum Umgang mit Macht 63
4.3.2 Zum Umgang mit emergenten Prozessen............. 67
4.3.3 Zur Bedeutung von Vertrauen und Wertschätzung........ 70
4.3.4 Zur Bedeutung von (Selbst-)Reflexion und
Ambiguitätstoleranz............................. 73
Literatur... 76

5 Entwicklung sozialer Organisationen aus systemtheoretischer Sicht 81
5.1 Zur Differenzierung von organisationalen
Wandlungsprozessen 81
5.1.1 Wandlungsprozesse erster Ordnung.................. 83
5.1.2 Wandlungsprozesse zweiter Ordnung 84
5.1.3 Wandlungsprozesse dritter Ordnung 86
5.2 Logiken von Wandlungsprozessen......................... 86
5.3 Dimensionen im Change Management 91
5.3.1 Sachdimension................................. 91
5.3.2 Sozialdimension................................ 95
5.3.3 Zeitdimension.................................. 99
5.4 Organisationskulturen gestalten und beeinflussen.............. 100
Literatur... 104

6 Systemische Vernetzung von sozialen Organisationen 107
6.1 Zur Notwendigkeit von Vernetzung und Governance
im sozialen Sektor 107
6.2 Lern- und Steuerungsanforderungen 111
6.3 Zum Umgang mit Macht und Hierarchien
in Kooperationen und Netzwerken......................... 114
6.4 Gelingensbedingungen gelebter Kooperationen 116
Literatur... 117

7 Ausblick	121
Literatur	125

Abbildungsverzeichnis

Abb. 2.1 „Sozialrechtliches Leistungsdreieck". (Eigene Darstellung) 12
Abb. 2.2 Spannungsfelder im Management sozialer Einrichtungen. (Eigene Darstellung in Anlehnung an Nicolini, 2016) 24
Abb. 3.1 „Die drei Seiten einer Organisation". (Eigene Darstellung in Anlehnung an Kühl, 2017) 36
Abb. 4.1 Eigene Darstellung. (In Anlehnung an Kühl, 2016) 62
Abb. 5.1 Eigene Darstellung (Kühl, 2016) 89
Abb. 5.2 Systemische Strategieentwicklung. (Eigene Darstellung nach Kühl, 2016) 93
Abb. 5.3 Kernelemente in der Sozialdimension. (Eigene Darstellung in Anlehnung an Senge, 2017) 96

Einführung 1

Soziale Arbeit wird in unserer Gesellschaft immer wichtiger und zu gleichen Teilen wohl auch immer differenzierter. Denn für die fortwährenden sozialen Probleme und Ungleichheiten in einer Gesellschaft sind die Angebote der Sozialen Arbeit oftmals eine Antwort. In der Abhängigkeit von gesellschaftlichen Entwicklungen und sozialpolitischen Steuerungsmechanismen ist das **Management sozialer Einrichtungen in aktuellen Zeiten** sehr komplex geworden. In der Praxis werden immer neue Dienstleistungen entwickelt, die die Differenzierung von sozialen Einrichtungen weiter ausbauen. Das Führen sozialer Einrichtungen nach managementorientierten Standards ist daher zu einer Selbstverständlichkeit geworden. Die unreflektierte Übernahme betriebswirtschaftlicher Managementmodelle in die Steuerung sozialer Einrichtungen ist in diesem Zusammenhang jedoch unangemessen und naiv zu gleichen Teilen. Wenngleich sich die Ausrichtungen von Konzepten des Sozialmanagements stark an betriebswirtschaftlichen Theorien, Verfahren und Modellen orientieren, ist leicht erkennbar, dass dies der Realität der Managementanforderungen in sozialen Einrichtungen nur begrenzt gerecht wird.

Hier ist ein klassisches **Theorie-Praxis-Problem** erkennbar. So behaupten einige Autoren auch, dass die Diskurse um Konzepte, Theorien und Verfahren des Sozialmanagements oftmals zu theoretisch geführt werden (Amstutz, 2014). Verstärkt wird diese These durch die vermehrte Anwendung neo-institutionalistischer Perspektiven im Rahmen sozialwirtschaftlicher Diskurse (Grunwald & Langer, 2018). Gehen neo-institutionalistische Perspektiven doch davon aus, dass es eine (oft schwer greifbare) Wechselwirkung von Institutionen und Akteuren gibt, die zu stetigen Veränderungen sozialer Realitäten in Organisationen führt. Unabhängig von den (theoretischen) Diskursebenen um diese Theorie-Praxis-Problematiken wird hierdurch deutlich, dass die Komplexität der Managementanforderungen sozialer Einrichtungen noch zu wenig theoretisch abgebildet werden kann.

Dieses Buch ist zum einen in dem Bewusstsein um diese Wechselwirkungen geschrieben, die häufig sehr komplex und paradox zugleich sind. Zum anderen in dem Glauben daran, dass die Systemtheorie eine (zumindest) analytische Antwort sein kann. Dabei ist leicht erkennbar, dass die **Systemtheorie** längst erfolgreich Einzug in die Soziale Arbeit gehalten hat. Vor allem auf operativer Ebene, im Umgang mit Klienten und Klientinnen, werden systemtheoretische Erkenntnisse gern genutzt. Bietet die Systemtheorie mit ihren komplexen und gleichzeitig mannigfaltigen Theorieangeboten doch einen guten methodischen Handlungszugang für die Arbeit mit Klienten und Gruppen (z. B. durch „systemische Beratung"). Eine ebenso selbstverständliche Anwendung im Management sozialer Einrichtungen ist jedoch weniger erkennbar. Hier liegen bisher „nur" vereinzelte Auseinandersetzungen vor, die in Theorieumfang, Anwendungsorientierung und Praxisbezug sehr unterschiedlich sind (Gesmann & Merchel, 2019; Lambers, 2017; Bauer, 2013).

Das vorliegende Buch ergänzt diese theoretischen Auseinandersetzungen. In einer fokussierten Herangehensweise führt es in die Systemlogiken der Sozialwirtschaft und des Sozialmanagements sowie der systemtheoretischen Organisationstheorie ein und bündelt die Erkenntnisse auf Hauptmanagementbereiche sozialer Einrichtungen. Es sei dabei explizit angemerkt, dass das Buch nicht mit dem Anspruch geschrieben ist, einen Leitfaden für die Praxis zu liefern. Viel stärker geht es darum, auf theoretischer Ebene die zwei Themenbereiche – Systemtheorie und Sozialmanagement – zusammenzuführen, die bisher noch zu wenig pointiert verknüpft wurden. Ist dieses Wissen für die Praxis dennoch nutzbar? Unbedingt! Denn die Systemtheorie setzt den umfassenden Anforderungen des Managements sozialer Einrichtungen eine theoretische Grundlage entgegen, welche hilft, die Komplexität besser zu verstehen. Auf einem hohen Abstraktionsniveau können Prozesse und Verfahren so beschreibbar gemacht werden, was wiederum Erklärungsansätze in der Praxis liefern kann. Auf dieser Basis kann eine **Reflexionsgrundlage** geschaffen werden, um soziale Einrichtungen wirkungsvoll zu führen und zu managen.

Dabei gibt es wohl kaum eine Theorie, die die dahinterstehende Komplexität in so konsequenter Art und Weise theoretisch untermauert hat wie die Systemtheorie. Das vorliegende Buch ist mit dem **Anspruch auf Verständlichkeit** geschrieben. Im Bewusstsein dieser Verständlichkeit wurden Theorien, Modelle und Erklärungsansätze gewählt, welche die Komplexität theoretisch reduzieren, indem sie gute Erklärungsbilder liefern. So oft es geht, wurden Beispiele und (symbolische) Bilder verwendet, die Anschaulichkeit vermitteln sollen. Dieser Versuch ist immer mit der Gefahr verbunden, Theorien und deren Komplexität verkürzt darzustellen. Daher sei an dieser Stelle der explizite Hinweis gegeben, dass die Inhalte des

1 Einführung

Buches der Auswahl der Autorin unterliegen. Und dies bedeutet nicht, dass es ein finaler, endgültiger Schluss ist, der daraus zu ziehen sei. Vielmehr soll es ein Einführungswerk sein, welches Lust auf mehr macht und erste Verständnisgrundlagen legt, an denen weitere Erkenntnisse angeknüpft werden können.

Das „**Zusammenführen**" von Systemtheorie und Sozialmanagement erfolgte in Abgleich mit den Themenbereichen gegenwärtig einschlägiger wissenschaftlicher Literatur zu Management- und Organisationstheorien. So sprechen Schreyögg & Geiger (2016) von fünf „generischen" Problemen, derer sich jede Organisation stellen muss. Diese lassen sich in ähnlicher Art und Weise in vielen zentralen Werken zur Organisations- und Managementlehre wiederfinden (Schreyögg & Koch, 2020; Simon, 2019; Schreyögg & Geiger, 2016; Wimmer, Meissner, & Wolf, 2014; Merchel, 2015; Kieser & Walgenbach, 2010).

Es wird in diesem Zusammenhang davon ausgegangen, dass erstens jede Organisation zunächst Aufgaben strukturieren und verteilen muss. Es erfolgt daraufhin zweitens eine Eingliederung der Mitarbeitenden in die Abläufe der Organisationgestaltung. Drittens müssen darüber hinaus die Anforderungen der Umwelt gestaltend immer wieder in die Organisation und deren Abläufe integriert werden. Zudem braucht es viertens Wege und Gestaltungsmöglichkeiten, mit emergenten, also nicht erwartbaren und direkt steuerbaren Prozessen umzugehen. Und schließlich muss fünftens organisatorischer Wandel immer wieder aufs Neue bewältigt werden. Neben einer Einführung in die Sozialwirtschaft und einer grundlegenden Erläuterung, wie Organisationen aus systemtheoretischer Sicht verstanden werden können, wurde ableitend aus den fünf generischen Gestaltungsanforderungen für Organisationen daher auf drei Hauptbereiche des Managements fokussiert: **Führen, Lernen und Vernetzen** von sozialen Unternehmen.

Das Thema **Führung** ist von hoher Relevanz, weil jede Organisation und damit jeder Managementvorgang eine Steuerungsinstanz voraussetzt. Die Volksweisheit „Der Fisch beginnt am Kopf zu stinken" bringt dabei symbolisch auf den Punkt, welche Bedeutung Führungskräfte als zentrale Größe in (sozialen) Unternehmen haben. Hier liegen die Steuerungsmöglichkeiten, um richtungsweise und zukunftsgestaltende Entscheidungen zu treffen. Hier liegen oft Ausgangspunkte bei Störungen, Konfliktregulierungen oder Weiterentwicklungen. Die hohe Bedeutung von Führung und die damit verbundenen Forschungslücken bringen unter anderem Schreyögg und Koch treffend auf den Punkt: Führung stellt eine Managementfunktion dar „die sich zwar teilweise durch andere Managementfunktionen (bspw. Organisation) substituieren lässt, deren Erfüllung jedoch letztlich unabdingbar ist, wenn eine Organisation oder ein Unternehmen langfristig ihren bzw. seinen Bestand sichern will" (Schreyögg & Koch, 2020, S. 524). Die umfassende und fundamentale Bedeutung von Führung sollte heute auch in der

Sozialwirtschaft wenig umstritten sein. Was dagegen viel stärker umstritten ist, ist die Art und Weise des Führens. Zu diesem Schluss kommen Schreyögg und Koch wiederum auch: „Wie sollte Führung in Organisationen genau ausgeübt und welches Verständnis von Führung sollte diesem zugrunde gelegt werden?" (Schreyögg & Koch, 2020, S. 524). Es ist daher nicht verwunderlich, dass zum Thema Führungsmanagement viele populär(-wissenschaftliche) Veröffentlichungen vorliegen. Erkennbar ist jedoch, dass diese kaum eine empirische Fundierung erkennen lassen. Fragen, die damit einhergehen, beziehen sich beispielsweise darauf, wie die Führungskultur in der Sozialwirtschaft tatsächlich gelebt wird, und wie sich Führung gestaltet, die Organisationen erfolgreich lenkt und leitet. Die Systemtheorie bietet hierauf auch „nur" theoretische Antworten, die jedoch in der Komplexität hohes Potenzial offenbaren.

Neben dem Führungsmanagement ist es vor allem die **Wandlung von Organisationen,** die zu einem zentralen Thema in der Sozialen Arbeit geworden ist. Die Soziale Arbeit als Dienstleister und Problembearbeiter gesellschaftlicher und sozialer Probleme bekommt von der Umwelt immer wieder neue Aufgaben und Anforderungen. Seien es rechtliche Veränderungen (z. B. Bundesteilhabegesetz), gesellschaftliche Krisen (z. B. Flüchtlings-/Coronakrise) oder schlichtweg technische und innovative Entwicklungstrends (z. B. Digitalisierung), die Einrichtungen der Sozialen Arbeit immer wieder damit konfrontieren, sich zu verändern. Solche Wandlungen der Umwelten müssen in die organisatorischen, strukturellen, fachlichen, aber auch kulturellen Bedingungen einer jeden Organisation übersetzt werden. Change Management ist daher zu einem zentralen Thema im Diskurs um Managementfragen geworden und zählt als eines der „generischen" Probleme, die in der Managementliteratur jüngst immer wieder bearbeitet und untersucht werden (von Reith & Wimmer, 2014; Schreyögg & Geiger, 2016). Zu beachten ist hierbei vor allem die Erkenntnis, dass jede Organisation ihre eigene Logik, Dynamik und Besonderheiten hat, diese Umweltanforderungen zu übersetzen. Bei dem Verständnis dieser schwer planbaren und äußerst unterschiedlichen Prozesse hilft vor allem ein systemtheoretisches Verständnis als analytische Grundlage. Schlichtweg aus diesem Grund ist in diesem Buch dem großen Thema der „Entwicklung von Organisationen" ein weiteres Kapitel gewidmet.

Da das Management von sozialwirtschaftlichen Organisationen nie frei von deren Umwelt betrachtet werden kann, ergibt sich eine besondere Notwendigkeit zur Vernetzung und Kooperation. Weil es so bedeutend für die Soziale Arbeit ist, mit den Umwelten zu kooperieren, sich auf diese einzustellen und deren Logiken in gewisser Weise in die eigenen Handlungslogiken zu übersetzen, ist **Vernetzung und Kooperationen** ein weiterer zentraler Handlungsbereich im Management

1 Einführung

sozialer Einrichtungen. Denn so voraussetzend Vernetzung in der Sozialen Arbeit ist, so schwierig und herausfordernd ist es oftmals gleichermaßen. Treffend drücken es Gesmann und Merchel aus, wenn sie schreiben: „Die Heterogenität von Stakeholdern und von damit einhergehenden Erwartungen und Anforderungen stellt Organisationen der Sozialen Arbeit vor die Aufgabe, sich in verschiedenen Handlungslogiken und Erwartungsbündeln zu bewegen, die in Spannungen zueinanderstehen können und zum Teil widersprüchliche Appelle an die Organisation transportieren." Da der Zustand einer jeden Organisation aufgrund der vielfältigen Anforderungen nie dauerhaft bestehen kann, „wird das Ausbalancieren zu einer Anforderung, die eine permanente Beobachtung und Bewertung von Störungen erfordert und daher Managementbemühungen kontinuierlich prägt" (2019, S. 65–66). Sich auf diese „Erwartungsbündel" und „Appelle" im Rahmen von Kooperations- und Vernetzungsprozessen einzustellen, auf sie zu reagieren, sie auszubalancieren und gar in die eigenen Handlungslogiken zu übersetzen, impliziert stetige Reflexions- und Lernprozesse. Daher ist dem Thema Vernetzung und Kooperation ein separates Kapitel gewidmet.

So ist im Fazit festzustellen, dass sich alle sozialen Organisationen neben Führungsprozessen stets auch mit Fragen der Weiterentwicklung und des Lernens beschäftigen und darüber hinaus zudem noch gut vernetzt sein müssen, um professionelle Soziale Arbeit leisten zu können. Diese drei Hauptbereiche des Sozialmanagements werden im vorliegenden Buch systemtheoretisch reflektiert. Da es sich um ein einführendes Lehrbuch zur Thematik handelt, werden vorab noch wichtige Rahmenbedingungen der Sozialwirtschaft und des Sozialmanagements sowie zu den theoretischen Grundlagen der Systemtheorie bzw. der systemischen Organisationstheorie gelegt. Die einzelnen Kapitel sind wie folgt inhaltlich aufbereitet.

Im **ersten Kapitel** werden daher die Rahmenbedingungen und Systemlogik der Wohlfahrtspflege und die damit verbundenen Systemlogiken in der Sozialwirtschaft erläutert.

Es wird aufgezeigt, dass seit den 1990er-Jahren eine Wende in der sozialpolitischen Steuerungslogik zu verzeichnen ist, die gemeinhin als „aktivierend" bezeichnet wird. Die Sozialwirtschaft steht seither unter marktähnlichen Bedingungen und wird immer mehr von ökonomischen Zwängen beeinflusst. Ableitend daraus wird aufgezeigt, in welchen Rahmenbedingen sich soziale Organisationen heute befinden, und welche Spannungsfelder sich daraus für ein Management sozialer Einrichtungen ergeben. Abschließend wird beschrieben, warum die systemtheoretische Reflexion der Bedingungen des Sozialmanagements nicht das Ziel verfolgen soll, ein neues Management-Modell zu beschreiben. Begründet wird dargestellt, warum es vielmehr darum geht, die vielschichtigen, häufig nicht plan- und vorhersehbaren Entwicklungen in der Sozialwirtschaft analytisch greif- und regulierbar zu machen.

Das **zweite Kapitel** erläutert, wie Organisationen grundständig aus systemtheoretischer Sicht zu verstehen sind. Hierzu wird im ersten Schritt aufgezeigt, welche wissenschaftstheoretischen Entwicklungen es gab, und welche Grundannahmen die soziologische Systemtheorie auszeichnet. Im zweiten Teil des Kapitels wird auf die systemtheoretischen Organisationserkenntnisse eingegangen. Es geht darum, ein Verständnis zu schaffen, warum neben den formalen und strukturellen Seiten in Organisationen vor allem das informelle Eigenleben in Organisationen von Bedeutung ist, um ein wirksames Management zu betreiben. Dies wird mit der Systemtheorie analytisch greifbar gemacht. Hierzu wird erläutert, welche Seiten bei Organisationen differenziert werden können, welche grundsätzliche Bedeutung Organisationskulturen haben und warum Organisationen grundsätzlich selbstreferenziell handeln. Abschließend wird aufgezeigt, wie die Kopplung von Menschen an Organisationen systemtheoretisch verstanden werden kann.

In **Kapitel drei** wird vertiefter auf das Thema Management und Führung in sozialen Organisationen eingegangen. Hierbei wird zunächst das Verständnis von Management aus betriebswirtschaftlicher und aus systemtheoretischer Sicht differenziert. Danach wird auf die Frage eingegangen, welches Konzept von Führung sich aus einem systemtheoretischen Verständnis von Management ergibt. Es wird hierbei erläutert, dass Management im systemtheoretischen Sinne über diese determinierte Idee von Steuerung hinaus geht. Zur analytischen Grundlage eines systemtheoretischen Führungs- und Managementverständnisses wird im Anschluss auf die Steuerungsmöglichkeiten durch Kommunikation, Programme und Personal eingegangen. Aus systemtheoretischer Sicht sollten Leitungskräfte ein reflexives Verständnis von Führung bedienen. Zur exemplarischen Ausführung dieses Verständnisses wird im Anschluss auf den Umgang mit Macht, emergenten Prozessen und auf die Bedeutung von Vertrauen und Wertschätzung eingegangen. Darüber hinaus wird erläutert, wie wichtig (Selbst-)Reflexionskompetenz und Ambiguitätstoleranz für Führungskräfte ist.

Das **vierte Kapitel** zeigt auf, wie Lernen in sozialen Organisationen systemtheoretisch verstanden und gestaltet werden kann. Hierbei wird differenziert, dass Lernen in Organisationen nach Prozessen ersten, zweiten und dritten Grades verläuft. Und es wird aufgezeigt, welche systemtheoretischen Gesetzmäßigkeiten bei Wandlungsprozessen in Organisationen formuliert werden können. In einem weiteren Schritt wird erläutert, dass zur ganzheitlichen (Weiter-)Entwicklung von Organisationen sachliche, soziale und zeitliche Dimensionen systematisch und reflexiv angegangen werden müssen. Abschließend wird darauf eingegangen,

1 Einführung

welche Bedeutung Organisationskulturen im Rahmen der Entwicklung von Organisationen haben und wie diese beeinflusst werden können.

Welche inneren Zusammenhänge und Notwendigkeiten Kooperationen und Netzwerke im sozialen Bereich haben und wie deren Management aus systemtheoretischer Sicht gestaltet werden kann, zeigt **Kapitel fünf** auf. Hierzu wird erläutert, wo die Differenzierungen von Kooperationen und Netzwerken liegen. Es wird zudem aufgezeigt, dass die Voraussetzungen von Kooperationen im Bewusstsein für die wechselseitigen Interdependenzen liegen und dass die Steuerung von Kooperation durch eine grundlegende Prozessorientierung geprägt sein muss. Führungskräfte nehmen dabei eine Schlüsselrolle ein. Sie müssen notwendige organisationale Lernprozesse einerseits anstoßen und andererseits ein offenes und reflexionsförderndes Klima schaffen. Das Kapitel schließt mit der Darstellung, welche Gelingensbedingungen sich für eine gelebte Vernetzung formulieren lassen.

Systemlogiken der Sozialwirtschaft in Deutschland 2

▶ **Lernziel** In diesem Kapitel lernen Sie die Grundsätze und Entwicklungen der Steuerungslogiken in der deutschen Wohlfahrtspflege kennen. Darüber hinaus wird Ihnen vermittelt, wie sich die Steuerungslogiken in der Sozialwirtschaft ab den 1990er-Jahren entwickelt haben. Ableitend wird Ihnen verdeutlicht, welches Spannungsverhältnis sich für das Management sozialer Einrichtungen heute ergibt. Ziel ist es zu verstehen, wie sich auf sozialpolitischer Ebene Schritt für Schritt eine „aktivierende" Philosophie („Fördern und Fordern") etablieren konnte, die die Bedingungen der Sozialwirtschaft und des Managements sozialer Einrichtungen dauerhaft verändert hat. Diese „neoliberale Wende" führte wiederum zu einer verstärkten Wettbewerbssituation zwischen den Organisationen der Sozialwirtschaft. Es wird Ihnen abschließend aufgezeigt, welche Potenziale systemtheoretische Perspektiven für das Management sozialer Einrichtungen liefern können.

2.1 Rahmenbedingungen und Organisation der Sozialwirtschaft

Die Sozialwirtschaft in Deutschland kennzeichnet den Bereich „des Wirtschaftens, der sich im Kern mit solchen Gütern befasst, die als ‚sozial' definiert werden". Die Sozialwirtschaft umfasst auf diese Weise alle „Rahmenbedingungen für die Ermöglichung sozialer Handlungen, Leistungen, Maßnahmen, Dienste, Unternehmungen bis hin zu Kooperationsformen, Strukturen und Regulationen".

Sie „fokussiert dabei den Aspekt des Wirtschaftens, indem die eben genannten Handlungen und Strukturen als ein Teil und ein Beitrag gesellschaftlicher Wortschöpfung verstanden werden" (Grunwald & Langer, 2018, S. 45). Impliziert sind in den Debatten um die Sozialwirtschaft in Deutschland damit auch immer Aspekte der Gestaltung und Steuerung von sozialen Unternehmen. Dies wird weitläufig unter dem Begriff Sozialmanagement zusammengefasst (ebd.).

Rechtliche Grundsatzregelungen findet die Sozialwirtschaft im Grundgesetz sowie in den Sozialgesetzbüchern. So heißt es zunächst im Artikel 20 Absatz 1 des Grundgesetzes: „Die Bundesrepublik Deutschland ist ein demokratischer und sozialer Bundesstaat". Dieses Sozialstaatsprinzip wurde 1975 in den Sozialgesetzbüchern rechtlich weiter konkretisiert: „Das Recht des Sozialgesetzbuchs soll zur Verwirklichung sozialer Gerechtigkeit und sozialer Sicherheit Sozialleistungen einschließlich sozialer und erzieherischer Hilfen gestalten. Es soll dazu beitragen, ein menschenwürdiges Dasein zu sichern, gleiche Voraussetzungen für die freie Entfaltung der Persönlichkeit, insbesondere auch für junge Menschen, zu schaffen, die Familie zu schützen und zu fördern, den Erwerb des Lebensunterhalts durch eine frei gewählte Tätigkeit zu ermöglichen und besondere Belastungen des Lebens, auch durch Hilfe zur Selbsthilfe, abzuwenden oder auszugleichen" (§ 1 Abs. 1 SGB I). Eine rechtliche Grundlegung für die organisatorischen Bedingungen der Sozialwirtschaft werden im zweiten Absatz getroffen: „Das Recht des Sozialgesetzbuchs soll auch dazu beitragen, dass die zur Erfüllung der in Absatz 1 genannten Aufgaben erforderlichen sozialen Dienste und Einrichtungen rechtzeitig und ausreichend zur Verfügung stehen" (§ 1 Abs. 2 SGB I). Das soziale **Sicherungssystem** ist dabei in soziales Recht und soziales Geld gegliedert, wobei sich die sozialen Geldleistungen wiederum in tatsächliche Geldleistungen, in Sachleistungen und in soziale Dienstleistungen unterteilen lassen (Langer, 2018a). Träger der Sozialen Arbeit lassen sich in drei Blöcke unterteilen: Öffentliche Träger, freie gemeinnützige Träger und gewerblich-private Träger (Holdenrieder, 2017, S. 15 ff.):

1. **Öffentliche Träger** haben in der Regel regionale oder überregionale Zuständigkeit. Regional angesiedelt sind beispielsweise Jugend-, Sozial- und Gesundheitsämter sowie der Allgemeine Soziale Dienst. Die regionalen Träger agieren dabei in einer Doppelfunktion: Sie sind zum einen in der Gesamtplanungsverantwortung in ihrem jeweiligen Zuständigkeitsbereich und zum anderen als Träger von Einrichtungen und Diensten tätig. Überregional verortet sind in der Regel Landesjugendämter und überörtliche Träger der Sozialhilfe. Sie haben vor allem eine fachpolitische Beratungs- und

2.1 Rahmenbedingungen und Organisation der Sozialwirtschaft

Anregungsfunktion sowie administrative Aufgaben hinsichtlich der Bedarfsplanung und Finanzierung stationärer Angebote (Böttcher und Merchel, 2010). Die Organisation sozialer Dienste und Einrichtungen wird in Deutschland überwiegend nach dem Subsidiaritätsprinzip geregelt. Demnach sollen (staatliche) Aufgaben nach Möglichkeit immer von der kleinsten bzw. untersten, für diese Aufgabe zuständigen Einheit, wahrgenommen werden. Es ist jedoch entscheidend, hierbei eine Abgrenzung vorzunehmen, da soziale Dienstleistungen in Deutschland im „sozialrechtlichen Leistungsdreieck" erbracht werden, welches sich aus Kostenträger, Leistungsanbieter und Leistungsempfänger ergibt. Genannt sei ein einfaches Beispiel einer sozialen Dienstleistung aus dem Bereich der Kinder- und Jugendhilfe: der gesetzliche Anspruch auf einen Kitaplatz. Leistungsempfänger (z. B. Eltern) haben gegen den zuständigen öffentlichen Leistungs- und Kostenträger (z. B. Jugendamt) Anspruch auf eine Leistung (z. B. Kitaplatz). Der Leistungs- und Kostenträger, in diesem Fall das Jugendamt, erbringt die Leistung in der Regel jedoch nicht selbst. Er hat gemäß dem Subsidiaritätsprinzip mit einem Leistungsanbieter, z. B. einem Träger von Kindertagesstätten, einen Vertrag geschlossen, welcher vorsieht, dass der Hilfeberechtigte vom Leistungserbringer die konkrete Hilfe bekommt. Der Leistungsanbieter, die Kindertagesstätte, führt die Leistung aus (Nicolini, 2016). Das bedeutet, dass zwischen Leistungserbringer und Leistungsempfänger in der Regel ein Kostenträger geschaltet ist (Abb. 2.1) (Zimmer und Paul, 2018). Die Delegation von staatlichen Aufgaben im Bereich der Sozialpolitik ist also gängige Praxis.
2. **Freie gemeinnützige Träger** erfüllen heute den größten Bereich der Sozialwirtschaft (Dahme und Wohlfahrt, 2018). In diesem „dritten Sektor" werden soziale Dienstleistungen in Deutschland zumeist von freien gemeinnützigen Trägern erfüllt, die sich in der Regel in Verbandsstrukturen organisieren. Die meisten lassen sich einer der drei Trägerkategorien zuordnen: Jugendverbände, Selbsthilfe- bzw. Initiativgruppen und Wohlfahrtsverbände (Holdenrieder, 2017, S. 16 ff.). Die Wohlfahrtsverbände bilden dabei die zahlenmäßig einflussreichste Gruppe. Hierbei sind vor allem die Spitzenverbände zu nennen: Deutscher Caritasverband (DCV), Deutsches Rotes Kreuz (DRK), Arbeiterwohlfahrt (AWO), Diakonie Deutschland – Evangelisches Werk für Diakonie und Entwicklung, Der Paritätische Gesamtverband (Der Paritätische) sowie die Zentralwohlfahrtsstelle der Juden in Deutschland (ZWST) (Bundesarbeitsgemeinschaft der Freien Wohlfahrtspflege, 2018).
Die letzte Gesamtstatistik der freien Wohlfahrtspflege aus dem Jahr 2016 hat ergeben, dass es insgesamt 118.623 Einrichtungen und Dienste gibt, in

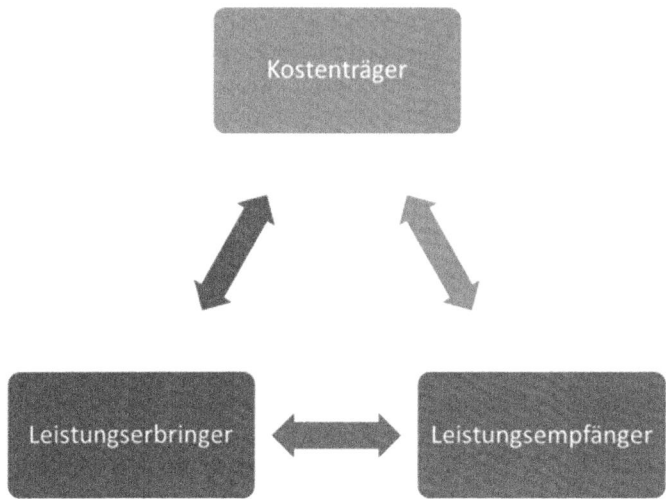

Abb. 2.1 „Sozialrechtliches Leistungsdreieck". (Eigene Darstellung)

denen 1.912.665 hauptamtlich Mitarbeitende beschäftigt sind. Davon arbeiten 58 % (1.107.870) in Teilzeit und 42 % (804.795) sind Vollzeitarbeitskräfte. Nicht in der Statistik enthalten sind die Auszubildenden sowie die Mitarbeiterinnen und Mitarbeiter, die nebenberuflich auf Honorarbasis tätig sind. Zusätzlich gibt es in Deutschland noch außerplanmäßige und zeitlich begrenzte soziale Maßnahmen, Betreuungskapazitäten von mobilen Diensten und Beratungsstellen sowie über 51.000 Selbsthilfe- und Helfergruppen. Diese sind in der Statistik ebenfalls nicht enthalten. Die Zahl der Bürgerinnen und Bürger, die sich freiwillig und ehrenamtlich in dem dritten Sektor engagieren, wird auf ca. drei Millionen geschätzt (Bundesarbeitsgemeinschaft der Freien Wohlfahrtspflege, 2018). Sozialwirtschaftliche Unternehmen in freier Trägerschaft haben einen wirtschaftlichen Stellenwert vergleichbar mit kleinen und mittleren Unternehmen. Der größte Teil sozialstaatlicher Dienstleistungen wird dabei im Gesundheitswesen sowie im Bildungs- und Erziehungsbereich erbracht (Zimmer und Paul, 2018).
3. Neben den freien gemeinnützigen Trägern gibt es seit der Reform des Sozialsystems in den 1990er-Jahren zunehmend auch **privat-gewerbliche Träger.** Sie treten in der Sozialen Arbeit in zwei verschiedenen Weisen auf: Zum einen gibt es privat-gewerbliche Dienstleistungsträger, deren vorrangiger Zweck es

2.1 Rahmenbedingungen und Organisation der Sozialwirtschaft

ist, Dienstleistungen in der Sozialen Arbeit zu erbringen. Zum anderen gibt es Unternehmen, die neben gewerblichen und/oder industriellen Dienstleistungen zusätzlich soziale Dienste bzw. Einrichtungen betreiben (Holdenrieder, 2017; Merchel, 2009). Auszeichnend für privat-gewerbliche Dienstleister, die vorrangig soziale Dienstleistungen erbringen, ist vor allem die „unternehmerische Dispositionsfreiheit bezüglich spezialgesetzlicher Regelungen für soziale Einrichtungen, das Wirtschaften mit eigenem Kapital und die enge Gebundenheit an wirtschaftliches, rentables und kundenorientiertes Handeln" (Holdenrieder, 2017, S. 21). Daher haben privat-gewerbliche Träger häufig eine hohe Flexibilität und in der Regel gelten für sie keine haushaltsbedingten Verpflichtungen der öffentlichen Verwaltungen. Dafür haben sie jedoch auch nicht den steuerlichen Vorteil der Gemeinnützigkeit (Böttcher und Merchel, 2010; Holdenrieder, 2017).

Soziale Dienstleistungen, egal ob von öffentlichen, frei-gemeinnützigen oder privat-gewerblichen Trägern ausgeführt, können in einem institutionellen Verständnis unter dem Begriff der **Sozialwirtschaft** geführt werden. Diese institutionelle Bestimmung wird deshalb von vielen Autoren sozialwirtschaftlicher Debatten favorisiert, „weil es bei ihr um die ermöglichenden, orientierenden und auch steuernden Rahmenbedingungen derjenigen Handlungen geht, die soziales Wohlergehen in der Gesellschaft bezwecken" (Grunwald & Langer, 2018, S. 50). Mit dem Begriff wird hervorgehoben, dass es (1) um individuelle und kollektive Wohlfahrt geht, die (2) wirtschaftlich effektiv und effizient betrieben werden muss und (3) durch professionelle Expertise ausgestaltet wird (ebd.). Besonders beim letzten Punkt ist zu betonen, dass unabhängig davon, welchen theoretischen Aspekten der Sozialwirtschaft man mehr Aufmerksamkeit widmet, die praktischen **Bezugspunkte der Sozialwirtschaft** immer mit den Zielen und fachlichen Standards Sozialer Arbeit verbunden sein müssen. So ist die Soziale Arbeit als wissenschaftliche Disziplin für die Ausgestaltung sozialer Dienste und Einrichtungen zuständig und damit grundlegende Profession für die Einrichtungen in der Sozialen Arbeit. Nachfolgend wird ein Überblick über die steuerungsrelevanten Entwicklungen im Bereich der Sozialwirtschaft gegeben.

2.2 Entwicklungslinien zur Steuerungslogik in der Sozialwirtschaft

Die Erbringung wohlfahrtsstaatlicher Leistungen war bis in die 1990er-Jahre hinein durch ein korporatistisches System geprägt. Die finanzielle Zuteilung sowie die Steuerung der Organisationen Sozialer Arbeit wurde durch die öffentliche Verwaltung vorgegeben. Diesem System konnten sich weder Wohlfahrtsverbände noch kleine freie Träger entziehen. Bevor es eine explizite Sozialwirtschaft gab, in der ein organisationsbezogenes Managementverständnis entstand, gab es eine lange Phase, die ausschließlich durch die öffentliche Verwaltung beeinflusst wurde (Wöhrle, 2019, S. 180 ff.). Sowohl die Einsicht, dass Planungsvorgaben immer konstruktivistischer Eigengestaltung der Akteure unterliegen, als auch immer knapper werdende öffentliche Haushalte in den 1980er-Jahren haben jedoch dazu geführt, dass neue Steuerungsansätze Einzug in die öffentliche Verwaltung und die Steuerung sozialer Dienstleistungen gefunden haben. (Benz et al., 2007).

Um effiziente, effektive und flexible soziale Dienstleistungslandschaften zu etablieren, wurde die Privatisierung **in den 1980er-Jahren weiter verstärkt:** Staatliche Tätigkeiten wurden mehr und mehr verringert und private Dienstleistungen weiter ausgebaut. Eine entscheidende Rolle kam dabei der Frage zu, ob der jeweilige Bedarf der Bevölkerung innerhalb einer Kommune durch vor Ort vorhandene Leistungen abgedeckt werden konnte. In der Folge rückten wirtschaftliche Aspekte und damit die Frage in den Vordergrund, ob die **vorgehaltenen Leistungen ökonomisch effizient und wirkungsvoll umgesetzt werden** (ebd.). Hiermit verbundene Ideen waren vor allem die Modernisierung der staatlichen Verwaltung bzw. einer an der Wirkung orientierten Verwaltung. Besonders hervorzuheben sind dabei die „New Public Management"-Ansätze: **„New Public Management"** (NPM) bezeichnet ein Bündel verwaltungspolitischer Reformstrategien, die überwiegend von einer betriebswirtschaftlichen Interpretation des Verwaltungshandelns geleitet werden (Oschmiansky, 2010). Es kann dabei nicht von einem abgrenzbaren Theoriemodell ausgegangen werden. Das New Public Management ist und war vielmehr durch Kernelemente gekennzeichnet, die eine stärkere Marktorientierung, die Übernahme privatwirtschaftlicher Managementmethoden oder auch die Einführung dezentraler Führungs- und Organisationsstrukturen und die Privatisierung und Deregulierung zur Folge hatten (Oschmiansky, 2010). Dies alles war verbunden mit dem Ziel, als überkommen angesehene bürokratische Steuerung sowie die damit verbundenen Effizienz- und Managementlücken zu schließen (Kussau und Brüsemeister, 2007).

2.2 Entwicklungslinien zur Steuerungslogik in der Sozialwirtschaft

Resümierend lässt sich sagen, dass die wirtschafts- und sozialpolitischen Maßnahmen der Bundesregierung Anfang der 1980er-Jahre vor allem auf eine Senkung der Staatsverschuldung sowie die steuerliche Entlastung der Unternehmen und höherer Einkommen gerichtet war. Staatliche Ausgaben für sozialpolitische Zwecke sollten reduziert und Inflationsentwicklungen vermieden werden. Die ausbleibenden Erfolge dieser Maßnahmen beschleunigten das Ende der sozialliberalen Koalition 1982. Die Kernpunkte dieser wirtschaftspolitischen Programmatik wurden nichtsdestotrotz von der Nachfolgeregierung übernommen. Sie war durch klassisch neoliberale Ziele geprägt: (1) weniger staatliche Regulierung, dafür mehr Marktfreiheit, (2) die stärkere Betonung persönlicher Leistungen zugunsten einer Reduzierung kollektiver Lasten, (3) Abbau verkrusteter Strukturen zugunsten größerer Beweglichkeit sowie (4) mehr Eigeninitiative und mehr Wettbewerb (Wendt, 1995, S. 329 ff.). Treffend fasst Wöhrle den Übergang von den 1980er auf die 1990er-Jahre für die Soziale Arbeit zusammen: Kann die Phase in den 1980er-Jahren „anhand von evolutionären Anpassungsprozessen an zunehmende neue Herausforderungen gepaart mit einem beginnenden Selbstbewusstsein als Suche nach einem eigenständigen Management beschrieben werden, so wurde sie inmitten ihrer Bestrebungen in den 1990er-Jahren quasi überrollt durch einen grundlegenden sozialpolitischen Umbau" (Wöhrle, 2019, S. 181).

Allgemein bekannt ist diese neue Philosophie des Staates der 1990er-Jahre unter dem Motto „Fördern und Fordern". Mit dieser „neoliberalen Wende" im Rahmen des aktivierenden Sozialstaates kam es zu grundsätzlichen Veränderungen der Förderbedingungen staatlicher Unterstützungsleistungen. In der normativen Beschreibung der neuen Strategien verwendet man häufig die Bezeichnung des „Guten Regierens". Dies soll vorrangig die progressive Regierungspraxis hervorheben, in der nicht mehr nur auf ein „Top-down"-Prinzip der Steuerung gesetzt werden soll. Vielmehr werden „Bottom-up"-Prozesse gefördert, die im Sinne einer Selbstregulierung Einfluss auf die Steuerung nehmen sollen (Kussau und Brüsemeister, 2007, S. 22). In der Umsetzung soll es daher stärker um das Management von Interdependenzen, Netzwerken oder Verhandlungssystemen gehen, in denen formale Entscheidungskompetenzen nicht explizit festgelegt sind. Dies war auch mit den Intentionen verbunden, „Menschen und Organisationen stärker in die politischen Gestaltungs- und Entscheidungsprozesse einzubeziehen" (Brandel et al., 2010, S. 195). Neue Interaktionsformen wie Netzwerke, Public-Private-Partnership, runde Tische, Moderation und öffentliche Foren kennzeichnen diese Entwicklung (Kussau und Brüsemeister, 2007, S. 19). Es lässt sich daher auch feststellen, dass die Sozialwirtschaft seither ein „aktiver Politikakteur" geworden ist, „wenn es um die Fragen der gesetzlichen Rahmenentwicklung bis hin zu Bedarfsanalysen und Innovationen geht" (Grunwald & Langer, 2018, S. 59).

Dieser Vorgang wird in der Politikwissenschaft als der **„dritte Weg"** bezeichnet. Denn es war der politische Mittelweg zwischen einer liberalen Politik, die eine stark konservativ ausgerichtete Marktorientierung beinhaltet und einem sozialdemokratischen Staat, der nach Prinzipien der Verteilungsgerechtigkeit eher links ausgerichtet ist (Schönig, 2015a). Die Strategien dieses „dritten Weges" standen durchaus in den bisherigen sozialpolitischen Traditionen. Denn am Subsidiaritätsprinzip wurde festgehalten. Jedoch wurde der Typus sozialstaatlichen Handelns entscheidend verändert. Jüster (2018) bringt es treffend auf den Punkt, wenn er schreibt: „Der institutionalisierte Vorrang der Freien Wohlfahrtspflege gegenüber dem Sozialstaat (Subsidiarität) wurde im Binnenverhältnis durch die sozialgesetzgeberisch induzierten Veränderungen der 1990er-Jahre in einen Zustand der Transformation gebracht. Sieht man hingegen den Binnenzustand zwischen Wohlfahrtsstaat und Wohlfahrtsverbänden aus gesellschaftspolitischer Sicht, so kann man zu dem Urteil gelangen, dass die 1990er-Jahre der Beginn der Entflechtung des Neo-Korporatismus waren. Diese Entflechtung wird als Möglichkeit einer Modernisierung der Wohlfahrtspflege angesehen, aus der gegenseitigen Umklammerung von Wohlfahrtspflege und Sozialstaat soll nun nach dem rationalen Prinzip des Marktes das Hilfesystem neu geordnet werden. Die Präferenzen der Zusammenarbeit werden von der politischen Dimension der Subsidiarität zur ökonomischen Dimension des Marktes verschoben. Die Ökonomie kennt allerdings nicht den bindenden Charakter der Nähe und die Solidarität – gerade kleiner Gemeinschaften – als Ordnungsprinzip, Hilfen sollen anhand von Budgets und Entgeltgruppen gestaltet werden" (S. 695–696).

Die **Kommune bzw. die öffentlichen Träger** haben in dieser Zeit immer mehr die Aufgabe übernommen, Dienstleitungen zu steuern und zu überwachen. Dies braucht es in einer neuen sozialwirtschaftlichen Praxis, in der die „Fusionen zwischen Trägern, die Auslagerung von zu erbringenden Leistungen, Veränderungen in den Rechtsformen, Verknüpfungen von freigemeinnützigen und erwerbswirtschaftlichen Unternehmensteilen sowie ein verstärkter Einsatz betriebswirtschaftlicher Zugänge und Instrumente im Management von sozialwirtschaftlichen Unternehmen eine immer wichtigere Rolle" (Grunwald & Langer, 2018, S. 48) spielen. Es geht dabei vor allem darum, stärker zu kontrollieren, ob die vorgehaltenen Leistungen ökonomisch effizient umgesetzt werden (Hofemann, 2005, S. 33–37). Treffend drückt es Sachße aus, wenn er schreibt: „Die Funktion des Staates soll nicht länger die eines „Generalagenten der Lebenszufriedenheit (Helmut Klages), sondern die eines Garanten der Rahmenbedingungen optimaler Selbstentfaltung sein. Der Staat soll vom versorgenden zum ermöglichenden Staat, vom Organisator und Anbieter zum Moderator und Koordinator werden. Dieses gewandelte Staatsverständnis impliziert auch eine Binnenmodernisierung der Staatsverwaltung selbst, bei der Kriterien betriebswirtschaftlicher Rationalität gegenüber den herkömmlichen Strukturen bürokratischer Hierarchie in den Vordergrund treten" (Sachße, 2003).

2.3 Soziale Dienstleistungen als Kernelement des Sozialmanagements

Unter anderem getrieben durch diese Entwicklungen, suchten die Organisationen der Sozialen Arbeit in dieser Zeit auch nach neuartigen Leitungs- und Führungsinstrumenten. In den **1990er-Jahren befindet sich die Sozialwirtschaft daher in ihrer Pionierphase.** Es lassen sich starke Tendenzen zu einer Suche nach managementorientierten Standards für die Einrichtungen der Sozialen Arbeit entdecken. Die Entwicklungen waren darauf ausgerichtet, „For-Profit-Ansätze in den Kontext der Sozialwirtschaft" (Langer, 2018, S. 850) zu übertragen. Um die Vereinnahmung durch vorhandene Managementkonzepte zu verhindern, „wurde nach Instrumenten des Managements gesucht, die das Eigenständige unterstützen sollten. Dies war die Phase einer Suchbewegung, die eher durch graue Literatur dokumentiert werden kann" (Wöhrle, 2019, S. 181). Seither gewinnen „ökonomische Fragestellungen, Konzepte und Begrifflichkeiten auch im deutschen Sozial- und Gesundheitswesen, zunächst in der Praxis, dann im theoretischen Diskurs, vermehrt an Bedeutung. Sie wurden und werden sowohl unter dem Begriff des Sozialmanagements als auch unter demjenigen der Sozialwirtschaft oder der Sozialökonomie diskutiert (…)" (Grunwald & Langer, 2018, S. 46).

Bei näherer Betrachtung zu den Debatten und Kernelementen der Managementorientierung in der Sozialen Arbeit wird deutlich, dass es dabei keine einheitlichen Entwicklungen gibt. Vielmehr sind die **(theoretischen) Schwerpunktsetzungen äußerst unterschiedlich:** „So scheint beispielsweise unbestritten, dass im Fokus des Sozialmanagements die Ebene sozialer Organisationen und deren Management bzw. Steuerung (mit allen dazugehörenden Management-Funktionen und -Methoden) steht. Einige Ansätze plädieren für eine Erweiterung dieser Perspektive um die sozialräumliche und sozialpolitische Dimension unter Berücksichtigung des Diskurses über soziale Probleme und soziale Versorgung. Ebenso bezeichnen mehrere Autorinnen und Autoren das Bereitstellen von geeigneten Rahmenbedingungen für eine gelingende Praxis Sozialer Arbeit als eine der zentralen Aufgaben des Sozialmanagements. Damit einhergehend wird eine aktive Teilnahme am sozialpolitischen Diskurs als dringend erforderlich verstanden. Ebenfalls unbestritten scheint die Notwendigkeit einer ethischen Orientierung des Sozialmanagement zu sein, insbesondere im Hinblick auf das Spannungsfeld von sozialen und ökonomischen Rationalitäten, das dem Sozialmanagement innewohnt" (Amstutz, 2014, S. 77).

Unabhängig von diesen nicht eindeutigen (fachlich-wissenschaftlichen) Entwicklungen ist heute jedoch „ein **grundlegendes Wissen für das praktische, also anwendungsbezogene Management in der Sozialen Arbeit** vorhanden" (Wöhrle, 2019, S. 183). Ein professionelles Sozialmanagement hat heute „die Aufgaben, das Überleben von sozialen Organisationen zu gewährleisten, gegebenenfalls der Organisation zum Wachstum zu verhelfen, eine professionelle Arbeit mit der jeweiligen Zielgruppe zu ermöglichen und die Wirkung der eigenen Organisation bei der Nutzung von möglichst geringen Ressourcen zu steigern. Mit Sozialmanagement streben soziale Organisationen ein effektiveres und effizienteres Erreichen ihrer Ziele an. Sozialmanagement hilft auch dabei, die richtigen Ziele zu definieren und dabei einer Strategie zu folgen. Zudem umfasst Sozialmanagement die Anleitung der Mitarbeiter und Mitarbeiterinnen, von deren Arbeit die Erfolge der Organisation abhängig sind" (Schönig et al., 2018, S. 126–127). So kann man bei einer auf die Praxis gerichteten Betrachtung von managementorientierten Handlungen spezifizieren, dass sich das **Management sozialer Organisationen immer mit vier Bereichen beschäftigen muss** (Deller und Brake, 2014; Merchel, 2015):

1. Die Erbringung kompetenter und professioneller Dienstleistungen erfordert eine **wirkungsvolle Personal- und Organisationsgestaltung,** die im Einklang zu sozialpolitischen Forderungen steht.
2. Zur Erreichung der Ziele ist darüber hinaus eine **wirkungsvolle Führung und Leitung** sozialer Organisationen unabdingbar.
3. Da soziale Dienstleistungen in der Regel nur kooperativ gestaltet werden können, geht es auch immer um eine „**Vernetzungsprofessionalisierung** zur Optimierung des Managements sozialer Organisationen untereinander" (Deller und Brake, 2014, S. 252).
4. Nicht zuletzt geht es darum, sich an wirtschaftlichen Maßgaben zu orientieren, um eine „**Effizienzsteigerung nach privatwirtschaftlichen Mustern"** (Deller und Brake, 2014, S. 252) zu erwirken (Ressourcen, Controlling).

Zusammenfassend kann man sagen, dass vom Sozialmanagement gesprochen wird, wenn es um das Management der Erbringung sozialer Dienstleistungen geht

2.3 Soziale Dienstleistungen als Kernelement des Sozialmanagements

(Wöhrle, 2012), wobei der Fokus auf fachlicher Effektivität und wirtschaftlicher Effizienz liegt (Deller und Brake, 2014, S. 252 ff.). Dies erfordert neben einem Verständnis für professionelle Soziale Arbeit auch ein betriebswirtschaftliches Know-how. Soziale Einrichtungen nach den Standards des Sozialmanagements zu führen, ist daher eine Selbstverständlichkeit in der Sozialen Arbeit geworden.

Wenngleich soziale Unternehmen heute also auch betriebswirtschaftlich geführt werden müssen, ist der Referenzrahmen sozialer Organisationen mit dem wirtschaftlich ausgerichteten Unternehmen nicht vergleichbar. Denn es geht im Sozialmanagement nicht um eine forcierte Gewinnorientierung. Vielmehr geht es in der Zielstellung darum, dass die „gesellschaftlich zur Verfügung gestellten Ressourcen optimal in soziale Dienstleistungen" (Bauer, 2013, S. 30) übersetzt werden. Und dies wiederum soll dazu beitragen, dass übergeordnete Ziele wie **soziale Gerechtigkeit bzw. die Reduktion sozialer Benachteiligung** erreicht werden. „Als soziale Dienstleistung werden jene Dienstleistungen bezeichnet, die der Lösung sozialer Probleme und der Hilfe in sozialen Bedarf- und Notlagen von Einzelnen, Gruppen und Gemeinwesen dienen oder diese durch Prävention zu verhindern suchen" (Cremer et al., 2013, S. 12). Soziale Dienstleistungen werden in der Regel durch den Abgleich mit gesellschaftlichen und sozialpolitisch anerkannten Problemlagen entwickelt. Damit eine soziale Problemlage als solche jedoch wahrgenommen wird, muss sie gesellschaftlich und politisch konstituiert werden. Treffend schreibt Langer dazu: „Leistungen der Sozialwirtschaft sind „sozial", weil sie im Kern in und durch soziale Interaktionen oder Interaktionskontexte erbracht werden und im Kern das Ziel haben zu helfen, soziale Probleme zu lösen, im weitesten Sinne gesellschaftlich zu wirken. Ein soziales Bedürfnis wird in erster Linie durch Beziehung und Kommunikation bearbeitet. Die sozialen Interaktionen sind also auch immer darauf begründet, dass ein Wert verwirklicht wird" (Langer, 2018, S. 80). So sind soziale Dienstleistungen als immaterielle Güter des sozialen Sicherungssystems in Deutschland von besonderer Bedeutung in der Sozialwirtschaft (Langer, 2018a).

Die genaue Definition von sozialen Dienstleistungen als Kernelement des Sozialmanagements kann nun wie folgt gefasst werden: „Soziale personenbezogene Dienstleistungen sind interaktionsbasierte Güter in institutionalisierten Kontexten mit gesellschaftlichem Nutzen. Sie entstehen durch das gemeinsame Erhandeln von Nutzer und Nutzerinnen in sozialpolitisch gezielt geplanten Interaktionen unter Beteiligung unterschiedlichster Dienstleistungserbringer. (…) Diese drei Elemente werden in der sozialwirtschaftlichen Diskussion immer wieder kombiniert, um eine wesentliche Leistungsart und ein wichtiges Unterscheidungsmerkmal zu bestimmen" (Langer, 2018a, S. 79). In Ableitung dieser

Definition lassen sich **soziale Dienstleistungen somit durch mindestens drei Merkmale skizzieren** (Langer, 2018a; Cremer et al., 2013; Schönig et al., 2018):

1. **Koproduktion:** Eine soziale Dienstleistung ist immer auf die Mitwirkung aller Beteiligten (in der Regel mindestens Fachkraft der Sozialen Arbeit und Klient) angewiesen. Verweigert ein Klient die Zusammenarbeit oder handelt er gegen die gemeinsam getroffenen Vereinbarungen, steht zwangsläufig der Erfolg der Dienstleistung in Frage.
2. **Uno-actu-Prinzip:** Da soziale Dienstleistungen einer Immaterialität unterliegen, werden sie zum gleichen Zeitpunkt „produziert" und „konsumiert". Soziale Dienstleistungen sind nicht lagerfähig, sondern müssen so geplant werden, dass sie immer einer Auslastung unterliegen. „Das Management in der Sozialwirtschaft ist daher immer bemüht, möglichst alle Mitarbeiter und Mitarbeiterinnen auszulasten (z. B. durch Belegung aller Plätze in einer stationären Jugendeinrichtung), da bei Leerlauf und Leerstand hohe Personalkosten entstehen, die nicht durch Einnahmen aus erbrachten Dienstleistungen gedeckt werden. Auslastung, Dienstplan, Belegung, Leistungsnachweis, Kapazität und ähnliche Begriffe prägen daher den Alltag der Fachkräfte Sozialer Arbeit wie auch des Sozialmanagements" (Schönig et al., 2018, S. 20).
3. **Eingeschränkte Souveränität:** Die Klientel der Sozialen Arbeit ist in der Regel nur eingeschränkt in der Lage, die Dienstleistung auszuwählen bzw. zu bewerten. Es fehlt häufig an Informationen, an den Kompetenzen bzw. dem Willen, Angebote zu suchen und bewusst zu wählen, welche Dienstleistung die notwendigen persönlichen, sozialen und organisatorischen Anforderungen am besten erfüllen (würde). Denn „soziale Problemlagen zeichnen sich häufig durch eine Überforderung der Betroffenen aus; sie benötigen unmittelbar Zuwendung und Unterstützung, sodass die Sicherstellung guter Dienstleistungen eher den staatlich-administrativen Institutionen überantwortet wird" (Schönig et al., 2018, S. 20).

Bei diesen Kriterien ist es in der Regel nicht von Bedeutung, ob die soziale Dienstleistung von einem öffentlichen Träger, einem freien Wohlfahrtsverband, einem kleinen gemeinnützigen Verein oder einem gewerblichen Betrieb übernommen wird. Entscheidend ist, dass für die Bereitstellung sozialer Dienstleistungen **professionelle Fachkräfte** benötigt werden, deren Arbeitsleistung im Rahmen ihrer beruflichen Tätigkeit ausgeführt wird (ebd.). Pflegen Eltern ihre Kinder oder betreut die erwachsene Tochter ihre Mutter, spricht man dann logischerweise *nicht* von einer sozialen Dienstleistung. Gegenseitige Unterstützungsleistung in der Familie kann dabei dennoch zum Kern der Sozialwirtschaft gezählt werden, wenn sie Teil der politischen Programmatik ist (Grunwald & Langer, 2018). Zudem gibt es in der Regel einen fließenden Übergang von privaten Hilfeleistungen und sozialen Dienstleistungen („welfare-mix"). In der in Deutschland üblichen Konvention werden als soziale Dienstleistungen jene Dienstleistungen bezeichnet, die im Rahmen der Kinder- und Jugendhilfe, der Familienhilfe, der Hilfe für ältere Menschen, der Gesundheitshilfe, der Hilfe für behinderte Menschen, der Hilfe für Menschen mit Migrationshintergrund sowie der Hilfe in besonderen Lebenslagen (Bewährungshilfe, Schuldnerberatung etc.) durchgeführt werden (Cremer et al., 2013).

2.4 Spannungsfelder in der Sozialwirtschaft

Die Sozialwirtschaft steht in direkter Beziehung zu sozialpolitischen Verhältnissen. Die Entwicklungslinien zur Steuerungslogik in der Sozialwirtschaft haben gezeigt, wie sich vor allem seit den 1990er-Jahren ein neues Verständnis in der Sozialwirtschaft durchgesetzt hat. Ausgehend von einem weitgehend überparteilichen Konsens der 1980er-Jahre hin zu einer stärkeren Dezentralisierung und Ökonomisierung, welche unter anderem in Konzepten des New Public Managements zum Ausdruck kamen, hat sich eine **Sozialpolitik** etabliert, die zunehmend „**aktivierend**" wirken wollte: „Die Sozialverwaltung löst nicht mehr für die Betroffenen alle Probleme, sie trägt vielmehr bei zur Befähigung für Eigenverantwortung. Elemente von Markt und Wettbewerb unterstützen eine qualitätsvolle und wirtschaftliche Erbringung sozialer Dienstleistungen" (Schwarz & Wöhrle, 2017, S. 392). Die zunehmende Verbreitung solcher Steuerungsstrukturen hat das Verhältnis von Staat und freien Trägern im Rahmen des klassischen Subsidiaritätsprinzips stark verändert.

Seither haben **soziale Dienste eine hohe Dynamik erlebt:** Diese war und ist unter anderem an der vielfältigen Entwicklung und Diversifikation der Angebote Sozialer Arbeit erkennbar. So hat sich das Angebot von Fürsorgemaßnahmen für einzelne gesellschaftlich benachteiligte Gruppen zu einer Vielfalt von „Dienstleistungen für breite Bevölkerungsschichten" (Sachße, 2003) entwickelt. Und genau dieser quantitative (und qualitative) Zuwachs sozialer Dienste hat dazu geführt, dass sich hier „attraktive Märkte für kommerzielle Anbieter" (ebd.) entwickeln konnten. Dies ist beispielsweise daran erkennbar, dass private Unternehmen neben die traditionellen Leistungsanbieter (Kommunen und Freie Wohlfahrtspflege) treten. „Der „Wohlfahrtsmix" differenziert sich. Der „Markt" tritt neben den „Staat" und den „Dritten Sektor". Die neuen Konkurrenten drängen auf Gleichberechtigung und Abbau von Wettbewerbsverzerrungen, die sich aus der privilegierten Position der Freien Wohlfahrtspflege ergeben. Aus der Perspektive der Spitzenverbände der Freien Wohlfahrtspflege ist es gerade ihr fulminanter Erfolg, der ihre einst unangefochtene Vorrangstellung im Bereich der Sozialen Dienste zunehmend unterminiert" (Sachße, 2003). Auf der Grundlage einer Bestandsanalyse soll so eine stärker am Bürger ausgerichtete Leistung vorgehalten werden, die durch Outsourcing an externe Leistungserbringer vergeben wird, die innovative, effektive und effiziente Lösungen anbieten. (Böttcher und Merchel, 2010). Und ab diesem Zeitpunkt ist es auch erst möglich, dass privatgewerbliche Träger in den Wettbewerb um die Durchführung sozialer Dienstleistungen treten können (Holdenrieder, 2017, S. 16 ff.). Dies hat weitreichende Folgen für die Sozialwirtschaft, die auch systemische Paradoxien nach sich ziehen:

- Die Sozialwirtschaft arbeitet mit klassischen Kostenrechnungen, mit deren Hilfe Aussagen über Verantwortungsbereich (Kostenstelle) und dem Ressourceneinsatz (Kostenrechnung) für die Leistung gemacht werden können. „Um Aussagen über die **Wirtschaftlichkeit** der Leistungserstellung treffen zu können, wird die Leistungserbringung dem entstandenen Ressourcenverbrauch gegenübergestellt" (Schubert, 2005, S. 9). Dies führt nicht selten dazu, dass es zum Kampf um die Anzahl von Personalstellen bzw. deren Stundenkontingent zwischen Leistungsträgern und Leistungserbringern kommt, wie beispielsweise im Bereich der Sozialhilfe (SGB XII), wo anerkannte Verfahren zur Festlegung von Personalmengen fehlen. Ein rechtlich bindender Personalschlüssel existiert nicht, da es in diesem Bereich keine Pflicht zur Betriebserlaubnis gibt. Die Aufsicht durch die Behörden ist repressiv.
- Diese fehlende Orientierung in den rechtlichen Grundsätzen führt oft zu ernsten **Konflikten** bei Vertragsverhandlungen zwischen den Trägern der Sozialhilfe und den leistungserbringenden Institutionen (Gerlach und Hinrichs, 2018). Denn „der Sozialstaat setzt nicht nur die rechtliche Rahmenordnung für die Erbringung der Leistungen, sondern hat als Kostenträger auch ein finanzielles Eigeninteresse daran, die Bedingungen für ein möglichst kostengünstiges Angebot zu bestimmen". Dies erweckt den Eindruck, dass Klienten und Klientinnen „als Objekte und nicht als Subjekte des Hilfeprozesses" (Finis Siegler, 2018, S. 202) gesehen werden.
- Eine Folge ist auch die Veränderung des **Haftungsrechts:** Vor den Reformen trugen die Kostenträger des sozialen Leistungsrechts das Risiko von Fehlkalkulationen und Missmanagement bei Leistungsträgern. Nach den Reformen

2.4 Spannungsfelder in der Sozialwirtschaft

tragen die Leistungserbringer jedoch das volle Kostenrisiko selbst (Zimmer und Paul, 2018). Heute ist es selbstverständlich, dass die leistungserbringenden Einrichtungen weitestgehend autonom anerkannt werden und Verantwortung für die Gestaltung und die Ergebnisse ihrer Leistungen übernehmen.

- Ein damit verbundener Effekt hat sich jedoch gleichermaßen eingestellt: Wenn Organisationen mit hoher Eigenverantwortung agieren und auch andere Organisationen in dem gleichen Organisationsfeld agieren, entsteht eine Wettbewerbssituation. Es ist der Wettbewerb um das Budget der öffentlichen Mittel, der zu einem zentralen Merkmal sozialer Organisationen geworden ist. Und genau diese **Wettbewerbssituation** ist innerhalb des aktivierenden Sozialstaates politisch gewollt. Denn hinter dieser verbirgt sich die Vorstellung, dass Wettbewerb ein guter Motor für Entwicklung und Differenzierung ist (Böttcher und Merchel, 2010). „Die umfassende Einführung von Wettbewerbselementen bei den sozialen Dienstleistungen wurde in Deutschland seit Anfang der 1990er-Jahre vorangetrieben und hat eine differenzierte Sozialwirtschaft etabliert, die heute auch zunehmend erwerbswirtschaftlich-gewinnorientierte Unternehmen umfasst, und bei der auch international tätige Unternehmen zu beobachten sind" (Schönig, 2015, S. 19).
- In dieser Wettbewerbssituation wird ein Paradox offenbar, in dem sich das Sozialmanagement nun seit vielen Jahren bewegt: Soziale Probleme können einerseits nur dann ganzheitlich und nachhaltig gelöst werden, wenn soziale Dienstleistungen bzw. soziale Hilfen räumlich, fachlich und personell aufeinander abgestimmt sind und die professionellen Akteure miteinander kooperieren. Andererseits herrscht jedoch eine politisch gewollte Wettbewerbssituation, in der die Anbieter sozialer Dienstleistungen immer wieder um Mittel werben müssen. Dieses Nebeneinander von professionell-fachlich begründeten Kooperationsanforderungen und sozialpolitisch-wettbewerbsorientiert induzierten Konkurrenzsituationen bezeichnet Schönig treffend als „**Koopkurrenz**" (2015) (Abb. 2.2).

Schönig beschreibt die Auswirkungen der Gleichzeitigkeit von Kooperation und Konkurrenz, in dessen Spannungsfeld heute soziale Dienstleistungsunternehmen agieren müssen: „Für die Sozialwirtschaft hat die Koopkurrenz unter zwei Aspekten das Potenzial, zu einem Schlüsselbegriff zu werden: Zum einen sehen sich die sozialen Dienste alltäglich und auch strategisch mit der Gleichzeitigkeit von Kooperation und Konkurrenz konfrontiert (…). Zum anderen ist diese Koopkurrenz (…) in der Sozialwirtschaft vom Staat gewollt und wird von ihm reguliert. Soziale Dienste können, sollen und müssen gleichzeitig kooperieren

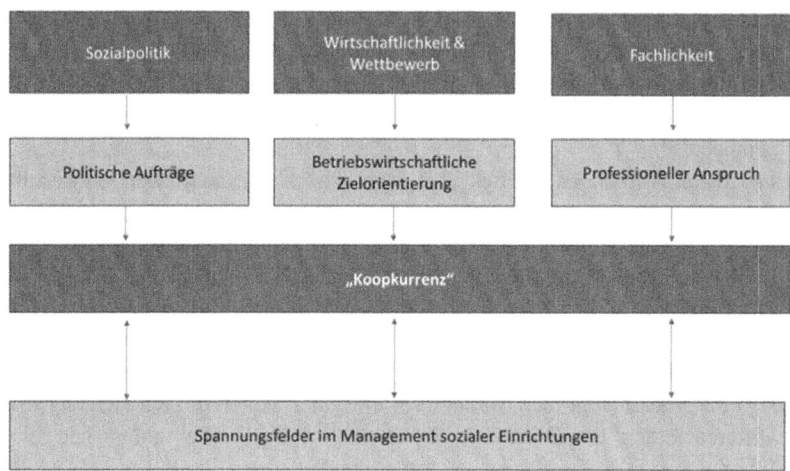

Abb. 2.2 Spannungsfelder im Management sozialer Einrichtungen. (Eigene Darstellung in Anlehnung an Nicolini, 2016)

und konkurrieren, wobei die Regeln dieser Koopkurrenz vom Staat vorgegeben werden. In der Sozialwirtschaft unterliegt die Koopkurrenz somit besonderen staatlich gesetzten Spielregeln. Sie überlagern die allgemeinen Regeln und erzeugen jene Verhaltenstypen, Mischformen und Prozesse, welche das aktuelle Bild der Sozialwirtschaft prägen" (Schönig, 2015, S. 12).

Die **Auswirkungen** dieser politischen Steuerungsstrategien, die vor allem das Setzen des Staates auf neutrale Marktmechanismen erkennen lassen, zeigen vor allem eines: Die Sozialwirtschaft wird in ihrem Dienstleistungsangebot zunehmend komplexer und vielfältiger, was die Qualität der Dienstleistungen selbst jedoch nicht zwangsläufig steigert (Schwarz & Wöhrle, 2017). Die Profession der Sozialen Arbeit ist in der Praxis daher häufig mit immer wieder neu zu entwickelnden Ideen und Konzepten beschäftigt. Dies führt jedoch selten zu einer stärkeren Professionalisierung, sondern meist zu Differenzierungseffekten und einer Überforderung (Schönig, 2017), die den Kern Sozialer Arbeit sowie professionelle Standards in der Praxis leicht in den Hintergrund treten lässt.

2.5 Systemtheorie und Sozialmanagement

Die vorangegangenen Ausführungen haben gezeigt, dass ein Management sozialer Einrichtungen heute vor besonders komplexen Herausforderungen steht: Neben politischen Anforderungen müssen gesellschaftliche Normvorstellungen und ökonomische Realitäten berücksichtigt werden. Gleichzeitig sollen fachliche Standards eingehalten werden (Nicolini, 2016). In der Praxis und auf fachlicher Ebene zeichnet sich daher immer mehr eine **Entwicklung ab:** Die Ausdifferenzierung des Angebotes führt dazu, dass Soziale Arbeit auseinanderdriftet und sich neu strukturiert. Diese kontinuierliche Entwicklung ist theoretisch und praktisch nur sehr schwer zu überblicken (Schönig, 2017). All dies wirkt im Kontext nicht nur auf die Adressaten und Adressatinnen Sozialer Arbeit, sondern eben auch auf die alltäglichen Bewältigungsstrategien der professionellen Sozialarbeiter und Sozialarbeiterinnen. Wie **flexibel Soziale Arbeit** darauf reagieren muss, lässt sich unter anderem an der Beschäftigungsstatik ablesen: Auffällig hoch sind die Teilzeitquote und die Befristungen sehr. So ist fast jeder zweite in Teilzeit beschäftigt und die meisten Stellen sind projektbezogen (Bundesagentur für Arbeit, 2016).

Im Fazit bleibt festzuhalten: Soziale Arbeit unterliegt heutzutage einem permanenten Wandel und muss sich in der Praxis in hohem Tempo immer wieder neu erfinden. Im Wettbewerb um die staatlichen Mittel und der stetigen Reaktion auf soziale Probleme gibt es immer wieder neue Entwicklungen, die theoretisch kaum noch „reflektiert" werden können. Es bleibt daher weitgehend ungeklärt, „welche Theorien wie in der Praxis wahrgenommen werden, welches Wissen sie beim praktischen Handeln anwenden, in welchem Verhältnis Alltagswissen und wissenschaftliches Wissen dabeistehen, wo und von wem Praktiker und Praktikerinnen ihr Wissen erlernen und welche Rolle dabei explizite und implizite Wissensbestände spielen. (…) In der Praxis der Sozialen Arbeit führt alles zusammen (…) dazu, dass Praktiker und Praktikerinnen vornehmlich pragmatisch und eklektisch vorgehen. Sie wählen sich aus dem Wissens- und Theorieangebot das aus, was ihnen und ihren Interessen am besten entspricht" (Engelke et al., 2016, S. 369–371).

Aktuell wird in den fachlichen Debatten zunehmend die These vertreten, dass die reine Übernahme von profitorientierten Managementkonzepten und -instrumenten nicht angemessen ist. Untermauert durch empirische Untersuchungen (unter anderem im ASD) kommt man zu der Erkenntnis, dass Professionalisierung in der Sozialen Arbeit und im Sozialmanagement nur erfolgen kann, wenn man die Trägerstrukturen und deren organisationale Verortung beachtet und wenn man die spezifischen Besonderheiten der jeweiligen sozialen Dienstleistungen berücksichtigt (Langer, 2018). Denn in der Praxis müssen diese Spannungsverhältnisse, die wechselnden sozialpolitischen Steuerungsstrategien und die gesellschaftlichen Komplexitäten von der Führung bzw. vom Management balanciert werden. Deshalb ist das Management sozialer Organisationen zu einem hochkomplexen Vorgang geworden.

Daher müssen Veränderungen in und von Organisationen von den professionellen Akteuren auf einer theoretischen Ebene besser reflektiert werden können. Denn nur dann ist es möglich, die Komplexität von Veränderungen einzuordnen und auch nur dann ist die Möglichkeit gegeben, entsprechend reagieren zu können. Dies ist der Anlass, das Management in sozialen Einrichtungen aus systemtheoretischer Ebene zu reflektieren. Ziel ist es nicht, ein neues Managementmodell vor dem Hintergrund systemtheoretischer Erkenntnisse aufzustellen (Lambers, 2017). Vielmehr soll es darum gehen, die Reflexionsfläche, welche die Erkenntnisse aus der Systemtheorie bzw. der systemtheoretischen Organisationstheorie bieten, für die Aufgaben und Prozesse im Sozialmanagement zu konkretisieren und besser anwendbar zu machen. Bauer fasst hierzu zusammen, dass systemisches Management die eigenen Aufgaben und Verantwortungen nicht darin sieht, eigenständig oder gar hierarchisch Ziele, Strategien und Prozesse zu erarbeiten. Vielmehr geht es darum, „Prozesse in Gang zu bringen, die am Ende tragfähige Vorschläge für Ziele oder Strategien erbringen, welche die Führungskraft dann umsetzen kann (…)" (Bauer, 2013, S. 19). In diesem Sinne und mit diesem Anspruch sind die nachfolgenden Kapitel zu werten.

Literatur

Amstutz, J. (2014). *Sozialmanagement und das Verhältnis zur Sozialen Arbeit*. Springer.
Bauer, G. (2013). *Einführung in das systemische Sozialmanagement*. Carl Auer.
Benz, A., Lütz, S., Schimank, U., & Simonis, G. (2007). *Handbuch Governance. Theoretische Grundlagen und empirische Anwendungsfelder*. VS Verlag.
Böttcher, W., & Merchel, J. (2010). *Einführung in das Bildungs- und Sozialmanagement*. Barbara Budrich.
Brandel, R., Gottwald, M., & Oehme, A. (2010). Übergangsmanagement im Kontext des Lebenslangen Lernens. In R. Brandel, M. Gottwald, & A. Oehme (Hrsg.), *Bildungsgrenzen überschreiten* (S. 9–22). VS Verlag für Sozialwissenschaften.
Bundesagentur für Arbeit. (2016). *Gute Bildung – gute Chancen. Der Arbeitsmarkt für Akademikerinnen und Akademiker in Deutschland*. Nürnberg: Bundesagentur für Arbeit.
Bundesarbeitsgemeinschaft der Freien Wohlfahrtspflege. (2018). *Gesamtstatistik 2016*. BAGFW.

Literatur

Cremer, G., Gildschmidt, N., & Höfer, S. (2013). *Soziale Dienstleistungen. Ökonomie, Recht, Politik.* UTB.

Dahme, H.-J., & Wohlfahrt, N. (2018). Die kommunale Ebene der Sozialpolitik. In K. Grunwald & A. Langer (Hrsg.), *Sozialwirtschaft. Handbuch für Wissenschaft und Praxis* (S. 145–158). Nomos.

Deller, U., & Brake, R. (2014). *Soziale Arbeit.* Barbara Budrich.

Engelke, E., Spatscheck, C., & Bormann, S. (2016). *Die Wissenschaft Soziale Arbeit. Werdegang und Grundlagen.* Lambertus.

Finis Siegler, B. (2018). Meritorik in der Sozialwirtschaft. In K. Grunwald & A. Langer (Hrsg.), *Sozialwirtschaft. Handbuch für Wissenschaft und Praxis* (S. 195–206). Nomos.

Gerlach, F., & Hinrichs, K. (2018). Leistungserbringungsrecht in der Sozialwirtschaft. In K. Grunwald & A. Langer (Hrsg.), *Sozialwirtschaft. Handbuch für Wissenschaft und Praxis* (S. 168–194). Nomos.

Grunwald, K., & Langer, A. (2018). Sozialwirtschaft - eine Einführung in das Handbuch. In K. Grunwald & A. Langer (Hrsg.), *Sozialwirtschaft. Handbuch für Wissenschaft und Praxis* (S. 45–64). Nomos.

Hofemann, K. (2005). Handlungsspielräume des Neues Steuerungsmodells (NSM). In H. Schubert (Hrsg.), *Sozialmanagement* (S. 27–47). VS Verlag.

Holdenrieder, J. (2017). Einführung. In J. Holdenrieder (Hrsg.), *Betriebswirtschaftliche Grundlagen Sozialer Arbeit. Eine praxisorientierte Einführung* (S. 13–22). Kohlhammer.

Jüster, M. (2018). Transformation der Subsidiarität. In K. Grunwald & A. Langer (Hrsg.), *Sozialwirtschaft Handbuch für Wissenschaft und Praxis* (S. 689–702). Nomos.

Kussau, J., & Brüsemeister, T. (2007). Educational Governance: Zur Analyse der Handlungskoordination im Mehrebenensystem der Schule. In H. Alrichter, T. Brüsemeister, & J. Wissinger (Hrsg.), *Educational Governance. Handlungskoordination und Steuerung im Bildungssystem* (S. 15–54). VS Verlag.

Lambers, H. (2017). Ein systemtheoretisch reflektiertes Managementmodell für die Soziale Arbeit und die Sozialwirtschaft. In A. Wöhle & A. P. Fritze (Hrsg.), *Sozialmanagement-Eine Zwischenbilanz* (S. 141–153). Springer VS.

Langer, A. (2018). Professionalisierung und Expertise (in) der Sozialwirtschaft. In K. Grunwald & A. Langer (Hrsg.), *Sozialwirtschaft. Handbuch für Wissenschaft und Praxis* (S. 841–857). Nomos.

Langer, A. (2018). Soziale Dienstleistungen in sozialwirtschaftlichen Strukturen. In K. Grunwald & A. Langer (Hrsg.), *Sozialwirtschaft. Handbuch für Wissenschaft und Praxis* (S. 79–100). Nomos.

Merchel, J. (2009). *Sozialmanagement.* Juventa.

Merchel, J. (2015). *Management in Organisationen der Sozialen Arbeit. Eine Einführung.* Beltz Juventa.

Nicolini, H. J. (2016). *Sozialmanagement. Grundlagen.* Bildungsverlag EINS.

Oschmiansky, F. (2010). *Bundeszentrale für politische Bildung.* Von: http://www.bpb.de/politik/innenpolitik/arbeitsmarktpolitik/55048/steuerung-modernisierung?p=all. Zugegriffen: 19. Jan. 2021

Sachße, C. (2003). *Die Zukunft der Sozialen Dienste.* Von Schrader Stiftung: https://www.schader-stiftung.de/themen/gemeinwohl-und-verantwortung/fokus/oeffentliche-daseinsvorsorge/artikel/die-zukunft-der-sozialen-dienste/. Zugegriffen: 20. Jan. 2021

Schönig, W. (2015). *Koopkurrenz in der Sozialwirtschaft. Zur sozialpolitischen Nutzung von Kooperation und Konkurrenz*. Beltz.
Schönig, W. (2015). Professionalität und Handlungsalltag in sozialen Diensten. Zwischen Markt und Staat – Kontroversese Positionen. *DZI. Ausgabe, 15*, 362–388.
Schönig, W. (2017). Der Wettbewerb form die Profession. Soziale Arbeit an und für sich. *DZI. Ausgabe, 04*, 122–127.
Schönig, W., Hoyer, T., & Potratz, A. (2018). *Lehrbuch Ökonomie in der Sozialen Arbeit*. Beltz Juventa.
Schubert, H. (2005). Sozialmanagement zwischen Wirtschaftlichkeit und fachlichen Zielen - Einführung. In H. Schubert (Hrsg.), *Sozialmanagement. zwischen Wirtschaftlichkeit und fachlichen Zielen* (S. 7–25). VS Verlag.
Schwarz, G., & Wöhrle, A. (2017). Sozialmanagement heute - eine Zwischenbilanz. In A. Wöhrle, A. Fritze, T. Prinz, & G. Schwarz (Hrsg.), *Sozialmanagement - eine Zwischenbilanz* (S. 385–400). Springer VS.
Wendt, W. R. (1995). *Geschichte der Sozialen Arbeit 2. Die Professionalität im Wandel ihrer Verhältnisse*. UTB.
Wöhrle, A. (2019). Sozialmanagement und Management in der Sozialwirtschaft. In A. Wöhrle, R. Beck, G. Grunwald, K. Schellberg, G. Schwarz, & W. Wendt (Hrsg.), *Grundlagen des Managements in der Sozialwirtschaft* (S. 179–218). Nomos.
Zimmer, A., & Paul, F. (2018). Zur volkswirtschaftlichen Bedeutung der Sozialwirtschaft. In K. Grunwald, & A. Langer (Hrsg.), *Sozialwirtschaft. Handbuch für Wissenschaft und Praxis* (S. 103–117). Nomos.

Literaturempfehlung zur Vertiefung

Grunwald, K., & Langer, A. (2018). *Sozialwirtschaft. Handbuch für Wissenschaft und Praxis*. Nomos.
Wöhrle, A., Fritze, A., Prinz, T., & Schwarz, G. (2017). *Sozialmanagement – eine Zwischenbilanz*. Springer VS.
Schönig, W., Hoyer, T., & Potratz, A. (2018). *Lehrbuch Ökonomie in der Sozialen Arbeit*. Beltz Juventa.
Schönig, W. (2015). *Koopkurrenz in der Sozialwirtschaft. Zur sozialpolitischen Nutzung von Kooperation und Konkurrenz*. Beltz.
Amstutz, J. (2014). *Sozialmanagement und das Verhältnis zur Sozialen Arbeit*. Springer.

Organisationen aus systemtheoretischer Sicht verstehen 3

> **Lernziel** Neben den wissenschaftstheoretischen Ursprüngen und Grundannahmen der Systemtheorie lernen Sie in diesem Kapitel konstitutive Elemente der systemischen Organisationstheorie kennen. Um Ihnen ein tieferes Verständnis über das Handeln in und von Organisationen zu vermitteln, sind Kenntnisse über die drei Seiten einer Organisation von Bedeutung. Hierbei wird ein Schwerpunkt auf dem „informellen Eigenleben" der Organisationen liegen, welches mithilfe der Systemtheorie analytisch greifbar gemacht werden kann. Im Weiteren lernen Sie, warum Organisationen grundsätzlich selbstreferenziell agieren, welche Bedeutung die Kultur in einer Organisation hat und wie Menschen durch die ihnen gestellten Aufgaben an ihre Organisationen gebunden sind. Grundsätzlich soll Ihnen damit aufgezeigt werden, dass die Bedingungen in Organisationen nicht isoliert zu betrachten sind, vielmehr sollen Prozesse in ihrer ganzheitlichen Dynamik verständlich dargestellt werden. So wird es möglich, die Emergenz von Handlungsweisen sozialer Akteure zu verstehen.

3.1 Systemtheorie

3.1.1 Wissenschaftstheoretische Entwicklungslinien und Grundannahmen

Der Begriff System wird schon seit über zwei Jahrhunderten in fachlichen Debatten verwendet. So sprach beispielsweise bereits Immanuel Kant (um 1784) davon, dass es ein „System pädagogischen Wissens" gibt. Ähnlich beschrieb es Johann Gottlieb Fichte (um 1794) in seinen Ausführungen, dass entgegengesetzte Einheiten in einer absoluten Einheit subsumiert werden. Wenngleich der damalige Gebrauch des Systembegriffs im philosophischen Kontext mit der heutigen Anwendung nicht mehr viel gemein hat, ist die Grundannahme erhalten geblieben, dass eine Ganzheit immer durch Elemente entsteht, die in einer bestimmten Beziehung zueinanderstehen (Kneer & Nassehi, 2000, S. 17 ff.).

Systemtheoretische Ansätze haben in fast allen Wissenschaftsbereichen Einzug gefunden. Ein Blick in die **Wissenschaftsentwicklung** zeigt, dass in den frühen 1930er-Jahren eine Neuerung im analytisch-wissenschaftlichen Beobachten und Denken zu verzeichnen ist. Die klassische wissenschaftstheoretisch begründete Vorgehensweise war eine deduktive Form des Forschens an einzelnen Phänomenen und Elementen: „Einem solchen wissenschaftlichen Weltbild entspricht logischer der Versuch, die Welt zu sezieren: Man sucht nach den Gesetzmäßigkeiten der Natur, indem man Einzelphänomene voneinander isoliert und in labortechnisch wiederholbaren Versuchsanordnungen demonstriert" (Kneer & Nassehi, 2000, S. 18). Diese Verfahrensweise eignete sich jedoch stärker in der Physik und in den technischen Wissenschaften. Biologische Forschungsversuche und -fragen jedoch scheiterten an dieser Art des wissenschaftlichen Vorgehens. Leben lässt sich,

> „so das Argument der Biologen, nicht auf die zwar isoliert beschreibbaren, jedoch realiter niemals isoliert auftretenden physikalischen und chemischen Vorgänge von Organismen reduzieren. (…) Die Biologie sieht sich außerstande, ihren ausgezeichneten Gegenstand – das Leben – durch die klassischen Wissenschaftsauffassungen abzubilden und muss zu neuen Formen der wissenschaftlichen Beobachtung greifen, wenn sie nicht Leben durch außerwissenschaftliche Kategorien – Lebenskraft, Schöpfung – bestimmen will" (Kneer & Nassehi, 2000, S. 18–19).

Innerhalb der biologischen Forschung führten diese Kritikansätze zu einem Paradigmenwechsel. Hier ist insbesondere der Forscher Ludwig von Bertalanffy zu nennen, der als Begründer der interdisziplinären Systemtheorie gilt. Obwohl er keine inhaltlichen Gesetzmäßigkeiten sieht, geht er dennoch von einer strukturellen Gemeinsamkeit aus, die alle Forschungsrichtungen innehaben: „Sie beschäftigen sich mit der wechselseitigen Relation von Elementen in Ganzheiten, die sie Systeme nennen" (Kneer & Nassehi, 2000, S. 20). Im Jahr 1951 definiert Bertalanffy den **Systembegriff,** jedoch erfolgt dies in einer mathematischen Formulierung. Generell geht auch er davon aus, dass ein System immer ein geordnetes Gebilde darstellt, in welchem eine bestimmte Menge von Elementen

3.1 Systemtheorie

in Wechselwirkung zueinanderstehen. Innerhalb dieser Wechselwirkung wird das System definiert und bildet eine ganz bestimmte Ordnung (Bertalanffy, 1951).

Der Einzug der systemischen Reflexion in das **sozialwissenschaftliche Denken** war anfangs von vielen Streitpunkten geprägt, insbesondere in der Frage der systemischen Beziehung zwischen Objekt und Subjekt. Es ging „zum einen (um) eine methodische Herangehensweise, die vom Subjekt ausgeht, und zum anderen eine solche, die sich stärker am Objekt, also an der Gesellschaft orientiert" (Kneer & Nassehi, 2000, S. 26). Vereinfacht ausgedrückt ging es um die Frage, welche Rolle Individuum und Strukturvorgaben beim Entstehen sozialen Handelns spielen. In der heftigen Auseinandersetzung um solche Fragen stritten beispielsweise Max Weber und Emil Durkheim. Weber ging davon aus, dass es weniger das Individuum und Einzelleistungen sind, die gesellschaftliche Strukturen prägen. Diese individuellen Kulturleistungen erkennt Durkheim hingegen viel stärker an. Er orientiert sich folglich stärker an der psychischen Realität des Individuums, um soziales Handeln zu verstehen (ebd.).

Neben diesen theoretischen Erkenntnissen wurden vermehrt **empirische Untersuchungen** zur Steuerung von (sozialen) Organisationen durchgeführt. Noch in den 1960er- und 1970er-Jahren ging man von der Vorstellung aus, dass die Politik gesellschaftliche Bereiche durch formale Vorgaben planerisch beeinflussen könne. Diese Idee der objektiven Planung unterschied klar zwischen Steuerungssubjekt (Politik und Verwaltung) und Steuerungsobjekt (gesellschaftliche Teilsysteme und Gruppen) (Mayntz, 2008). Implementationsforschungen zeigten jedoch eindrucksvoll, dass die Politik in nur sehr begrenztem Rahmen in der Lage war, soziale Organisationen direktiv bzw. linear zu steuern. Dies war und ist mit der Einsicht verbunden, dass Planungsvorhaben immer konstruktivistischer Eigengestaltung der Akteure unterliegen. Hier sind besonders die Untersuchungen von Pressmann und Wildavsky (1973) zu nennen. Die beiden Wissenschaftler untersuchten empirisch in den USA, wie politische Entscheidungen und Vorgaben in den zuständigen Verwaltungseinheiten und Organisationen umgesetzt wurden. In ihrer Untersuchung kamen sie zu dem nüchternen Ergebnis, dass ambitionierte politische Ideen kaum praktische Umsetzung fanden. Hintergrund und Anlass zu diesen Untersuchungen waren die Beobachtungen der starken Resistenz gesellschaftlicher Teilsysteme gegenüber politischen Reformvorgaben.

Die Wegbereitung und der Einzug des systemischen Denkens in sozialwissenschaftliche Theorien ist wohl vor allem **Niklas Luhmann** zuzurechnen. Luhmanns Ansatz, welcher im Hauptwerk „Soziale Systeme: Grundriss einer allgemeinen Theorie" im Jahr 1984 veröffentlicht wurde, ist mit dem Anspruch einer metatheoretischen Erklärungsreichweite und der daraus resultierenden

Intention verbunden, eine Erklärung sozialer Systeme in Zeiten zunehmender Komplexität zu ermöglichen. Hierbei gelang es Luhmann, die Entwicklungen, die sich in anderen Wissenschaftsdisziplinen vollzogen haben (insbesondere in der Biologie), auf das Wissen und Denken in der Soziologie zu übertragen. Soziale Systeme sind in Luhmanns Verständnis Sinnzusammenhänge von aufeinander bezogenen bzw. verweisenden sozialen Handlungen, die sich von ihrer Umwelt abgrenzen. Laut Luhmann übernehmen soziale Systeme dabei die Funktion Komplexität zu reduzieren:

> „Reduktion der Komplexität meint Abbau oder Verringerung der möglichen Zustände oder Ereignisse. Soziale Systeme reduzieren die Weltkomplexität, indem sie Möglichkeiten ausschließen. Nicht alle möglichen Ereignisse und Zustände der Welt können im System auftreten. Nur sehr wenig von dem, was in der Welt möglich ist, wird in einem sozialen System auch zugelassen, das meiste bleibt ausgeschlossen. (…) Dadurch, dass soziale Systeme Komplexität reduzieren, geben sie den beteiligten Personen Orientierungshilfen an die Hand. (…) Die Grenzen zwischen System und Umwelt, zwischen innen und außen, markiert also zugleich ein Komplexitätsgefälle – die Umwelt ist stets komplexer als das System" (Kneer & Nassehi, 2000, S. 40–41).

So ist es auch Luhmann, der als einer der Ersten postuliert, „dass jedes Bemühen einer politischen Steuerung der Gesellschaft illusionär sei, weil alle gesellschaftlichen Teilsysteme geschlossene Operationszusammenhänge bilden, an denen politische Impulse entweder völlig abprallen oder in deren eigensinnigen Bahnen politische Impulse jedenfalls zu gänzlich unvorhersehbaren Effekten führen" (Benz et al., 2007, S. 12–13).

Das **Charakteristische des systemischen Denkens** ist daher auch in dieser Relativität zu skizzieren. Schilling und Zeller (2010, S. 170 ff.) fassen den von systemtheoretischen Perspektiven beeinflussten Wandel des Denkens durch vier Kriterien zusammen:

1. In einer systemischen Sichtweise auf Welt, Systeme und Menschen geht es weniger um ein Verständnis von Einzelphänomenen als vielmehr um Erkenntnisse über Dynamiken von Prozessen und Vorgängen. Es ist also wichtig, das Organisationsmuster von Handlungen und Abläufen zu deuten. Altbekannt ist in diesem Zusammenhang das Aristotelische Postulat „Das Ganze ist mehr als die Summe seiner Teile".
2. Hieraus leitet sich ab, dass es weniger um objektive Vorgänge geht. Viel stärker rücken die Beziehungen in den Mittelpunkt der Aufmerksamkeit. „Die wesentlichen Eigenschaften eines (…) Objektes erwachsen aus dessen

3.1 Systemtheorie

Beziehungen zu anderen Objekten. Dies gilt auch für jedes lebende System als Ganzes" (Schilling & Zeller, 2010, S. 171). Das Wesen eines Systems ergibt sich immer aus den Beziehungen, welche zur Umwelt bestehen.

3. Ableitend davon geht systemisches Denken davon aus, dass Strukturen und Prozesse komplementär zueinander zu betrachten sind: „Das alte Denken ging von fundamentalen Strukturen aus, die durch Kräfte und Wechselwirkungsmechanismen aufeinander einwirkten und so Prozesse hervorbrachten. Das neue Denken sieht Struktur und Prozess als komplementäre Begriffe. Jeder Prozess betrifft Strukturen und jede Struktur ist Ausdruck von Prozessen. Systemdenken ist Prozessdenken" (Schilling & Zeller, 2010, S. 171).

4. Aus dem Bewusstsein für Prozess und Struktur leitet sich außerdem ab, dass Systeme immer in Wechselwirkung zu ihrer Umwelt stehen. Dies hat zur Folge, dass sich Systeme dadurch kennzeichnen, eine Grenze zu ihrer Umwelt zu haben und gleichzeitig diese Umwelt hervorbringen: „Ein lebendes System konstituiert sich einerseits durch seine Beziehungen zur Umwelt (siehe Kriterium Nr. 2), bringt andererseits aber auch diese Umwelt hervor" (Schilling & Zeller, 2010, S. 172).

Luhmann (1984) unterscheidet mehrere **Ebenen sozialer Systeme.** Dabei sind drei von besonderer Bedeutung: Interaktionssysteme, Organisationssysteme und Gesellschaftssysteme. a) Interaktionssysteme kommen dadurch zustande, dass sich Personen in einer Situation gegenseitig wahrnehmen und aufeinander bezogene Handlungen erfolgen. Verlassen die jeweiligen Personen die Situation, ist das Interaktionssystem beendet. Dies ist nach Luhmann das „Mikrosystem" bzw. die Mikroebene. b) Organisationssysteme sind jene, die an eine „Mitgliedschaft" gebunden sind. Dies kann beispielsweise ein Arbeitsvertrag oder eine Mitgliedschaft in einem Verein sein. Eine wichtige Funktion von Organisationssystemen besteht darin, Handlungsabläufe zu koordinieren und damit berechenbar zu machen. Dies ist das „Mesosystem" bzw. die Mesoebene. c) Gesellschaftssysteme sind umfassende Sozialsysteme. Alle Interaktions- und Organisationssysteme gehören zu einer Gesellschaft. Eine Gesellschaft geht damit in Interaktionen und Organisationen auf. „Die Gesellschaft ist ein Interaktionssystem, da sie selbstverständlich auch die Handlungen zwischen jeweils Abwesenden mit umfasst" (Kneer & Nassehi, 2000, S. 43). Dies ist das „Makrosystem" bzw. die Makroebene.

Für ein Verständnis der **systemtheoretischen Organisationstheorie** sind nicht nur die Mesoebene, sondern auch die Mikro- und Makroebene zu reflektieren. Denn jede Organisation wird nur zu dem, was sie ist, indem Interaktionen zustande kommen, indem durch das Zusammenwirken und die Kommunikation von Mitarbeitenden Teams und Vernetzungsprozesse entstehen, und indem „die Organisation" handelt. Weiterhin ist die Makroebene von besonderer Bedeutung, denn in dieser Umwelt werden die Bedingungen bestimmt, werden Veränderungen erzeugt, werden Entscheidungen getroffen, die wiederum Auswirkungen auf das Leben in der Organisation haben.

3.1.2 Systemische Organisationstheorie

In dem systemtheoretischen Bewusstsein für die Komplexität, das Eigenleben und die konstruktivistischen Anteile in sozialen Systemen hat sich auch in den Organisationswissenschaften zunehmend ein Verständnis durchgesetzt, das diesem Bewusstsein gerecht werden will. Aus systemtheoretischer Perspektive sind Vorgänge in Organisationen grundsätzlich durch eine Mehrdimensionalität geprägt. Daher ist es wenig sinnvoll, Handeln in und von Organisationen rein zweckrational zu beschreiben. Wenngleich der Charme eines solchen Vorgehens auf der Hand liegt, ist dies jedoch nicht mit den Realitäten in und von Organisationen gleichzusetzen: „Das Leben in Organisationen scheint viel wilder zu sein, als das zweckrationale Organisationsverständnis es suggeriert" (Kühl, 2011, S. 29). Um solche Abweichungen nicht ausschließlich als abweichendes Verhalten oder gar pathologisch zu beschreiben, hat sich in den Organisationswissenschaften ein alternatives Verständnis entwickelt (vgl. u. a Weick, 2009; Senge, 1996; Simon, 2011b; Bauer, 2013; Malik, 2013; Wimmer et al., 2014).

Systemtheoretische Erklärungsansätze verfolgen weniger das Ziel, Organisationen und ihr Handeln „normativ" zu sehen. Viel stärker geht es darum, einen „deskriptiven" Ansatz zu favorisieren, verbunden mit dem Anspruch, Organisationen zu beschreiben, „wie sie (wirklich) sind" (Kühl, 2011, S. 29). Die systemische Organisationstheorie ermöglicht auf diese Weise sowohl die Betrachtung von Akteuren auf der Mikroebene als auch von komplexen Systemstrukturen und -prozessen auf der Meso- und Makroebene. Ein solch theoretischer Zugang ermöglicht es, auf einer hohen Abstraktionsebene Eigenschaften, Funktionsweisen und Mechanismen von Organisationen im Kontext ihrer Gebundenheit in der Umwelt zu beschreiben. Dadurch erst wird es möglich, verhaltenswissenschaftliche Aspekte in Organisationen analytisch greifbar und erklärbar zu machen. Die systemische Organisationstheorie verbindet Mikro-, Meso- und Makroebene, weil sie den Fokus genau auf die Wechselbeziehung zwischen sozialen Systemen und ihren Teilnehmern legt (Simon, 2011b).

Betrachtet man Organisationen und deren Management- und Funktionsabläufe aus einer systemtheoretischen Sicht, fragt man nach dem „unsichtbaren Gewebe" von zusammenhängenden Handlungen und Rahmenbedingungen (Senge, 1996). Das heißt, Bedingungen und Objekte werden nicht isoliert betrachtet, sondern die Relation zwischen ihnen wird analysiert. Das Erkenntnisinteresse verschiebt sich daher von einer formalen Betrachtung zu den Mustern der Kopplung von Bedingungen in Organisationen und den daraus neu entstehenden (= emergenten) Effekten und Eigenschaften (Simon, 2011a). Durch das Systemdenken wird das Bewusstsein erzeugt, dass eine Organisation mehr ist als die Summe ihrer Teile: „An die Stelle geradlinig-kausaler treten zirkuläre Erklärungen, und statt isolierter Objekte werden die Relationen zwischen ihnen betrachtet" (Simon, 2011a, S. 12–13). Die grundlegend systemische Herangehensweise an Organisationen hat konsequenterweise das Ziel, systemische Erklärungsmuster zu liefern. „Systemisches Vorgehen zielt auf die Praxis ab und beansprucht, auf der Grundlage von Systemanalysen Interventionsmöglichkeiten ausfindig zu machen, um Systeme zu entwickeln" (Simon, 2011a, S. 9). Die systemische Organisationstheorie ist daher eine integrative Disziplin, die verschiedene Theorien verbindet und zu einem ganzheitlichen Ansatz zusammenfügt. Sie verhindert so, dass einzelne Disziplinen und Aspekte allzu isoliert betrachtet werden.

Das Theoriegerüst der systemischen Organisationtheorie setzt sich im Wesentlichen aus einem transdisziplinären Kontext (Biologie, Psychologie, Kommunikationstheorie und Soziologie) zusammen, mit einem Schwerpunkt auf der Systemtheorie (Luhmann, 1984) und dem Konstruktivismus. Darüber hinaus werden in den nachfolgenden Ausführungen Erkenntnisse aus den verschiedenen (Klassikern der) organisationstheoretischen Erkenntnissen (vgl. u. a. Siedenbiedel, 2010; Spieß & Rosenstiel, 2010; Schreyögg, 2016; Kühl, 2011, 2016, 2017) eingebunden. Im Nachfolgenden werden konstitutive Elemente der systemischen Organisationstheorie ausgewählt dargestellt, die für ein systemisches Management in sozialen Einrichtungen relevant sind.

3.2 Zum systemischen Verständnis von Organisationen

3.2.1 Die verschiedenen Seiten von Organisationen

Will man das Eigenleben in Organisationen und das Handeln von Organisationen erklären, steuern und entwickeln, muss man dieses dynamische und konstruktivistische Eigenleben analytisch greifbar machen. Zum Einstieg liefert Kühl (2017) hierzu ein gutes Bild, wenn er von den drei Seiten einer Organisation – die „Schauseite", die formale Seite und die informelle Seite – spricht (Abb. 3.1).

Abb. 3.1 „Die drei Seiten einer Organisation". (Eigene Darstellung in Anlehnung an Kühl, 2017)

Die Schauseite (oder auch „Fassade") von Organisationen ist ein erster, zunächst immer ersichtlicher Teil einer jeden Organisation. Die Fassade einer Organisation ist die Seite, die sie nach außen zeigt. Kühl forscht und schreibt zu dieser Seite von Organisationen sehr deutlich:

> „Organisationen präsentieren nach außen eine möglichst attraktive ‚Fassade', um auf diese Weise die Gunst der Kunden zu erlangen, eine positive Grundhaltung der Massenmedien ihnen gegenüber zu erzeugen oder Legitimation durch politische Kräfte zu erhalten. Was im hinteren Teil des ‚Geschäfts' abläuft, ist nicht völlig unwichtig, aber das Überleben einer Organisation hängt in vielen Fällen maßgeblich davon ab, dass die ‚Fassade' mit ihren ‚Schaufenstern' entsprechend aufgehübscht ist. Wenn man sich die von Unternehmen, Verwaltungen, Krankenhäusern, Schulen oder Gefängnissen publizierten Leitbilder ansieht, dann wird deutlich, dass sie eine wichtige Funktion für die Schauseite der Organisation erfüllen" (Kühl, 2017, S. 13).

Die zweite Seite einer Organisation betrifft ihre Struktur und Funktion. Diese **„formale Seite"** kommt vor allem in dem „Regelwerk" einer Organisation zum Ausdruck. Im strukturellen Sinne geht es um die Gesamtheit aller Regelungen, die sich auf die Verteilung von Aufgaben und Kompetenzen sowie die Abwicklung von Arbeitsprozessen beziehen. Organisationen sind unter diesem Aspekt ein „dauerhaft angelegtes System von Regeln zur Erfüllung der betrieblichen Aufgaben sowie

3.2 Zum systemischen Verständnis von Organisationen

zur Realisierung der betrieblichen Ziele" (Siedenbiedel, 2010, S. 8). Das System formaler, dauerhafter Regeln bildet nach diesem Verständnis die Organisationsstruktur, welche das Verhalten (die geleiteten Handlungen) der Organisationsmitglieder auf ein gemeinsames Ziel ausrichtet. Beispiele hierfür sind Prozessbeschreibungen oder Vorschriften sowie Organigramme, in denen sich die idealtypischen Regelungen zum Ablauf und zum Aufbau einer Organisation widerspiegeln sollen. Im funktionalen Sinne geht es um alle Aktivitäten der Planung, Einführung und Durchsetzung organisatorischer Regeln. In dieser Bedeutung kann man Organisationen damit vor allem hinsichtlich ihrer Arbeitsteilung (die Aufgaben sind auf alle Mitarbeiter verteilt) und Koordination (die Aufgaben werden abgestimmt und sind auf ein übergeordnetes Ziel ausgerichtet) verstehen. Die formale Seite von Organisationen bezieht sich demnach auf die Struktur und die Funktionen, die eine Ordnung zwischen den einzelnen Organisationseinheiten, Aufgaben, Informationen und Personen schaffen sollen. Zur zielgerichteten, effizienten Führung werden diese Bedeutungen von Organisationen vor allem in der Betriebswirtschaftslehre verwendet. Idealtypisch finden sich diejenigen Merkmale, die eine Organisation in ihrer „Fassade zur Schau stellt", in den Regelwerken und formalen Abläufen wieder (Kühl, 2017, S. 14 ff.).

Für das angestrebte Erkenntnisinteresse, Organisationen aus systemtheoretischer Sicht zu verstehen, ist insbesondere die **informelle Seite** von Organisationen wichtig. Diese besteht aus den tatsächlichen Denkweisen, Dogmen, Fiktionen, Handlungsmustern und Praktiken einer Organisation. Daher spielen hier vor allem die sozialen Systeme in Organisationen eine Rolle. Die Fassade und die formale Struktur einer Organisation müssen dabei nicht zwangsläufig mit der informellen Seite (harmonisch) verbunden sein. Frei nach dem Motto „Papier ist geduldig" müssen Formalität und Realität in Organisationen nicht zusammenhängen. Organisationen sind demnach keine selbstständig handelnden Substantive, die eindeutig formalisiert und strukturiert werden können, denn „wann immer Organisationen handeln (…), dann sind es Individuen, die handeln. Und jede Behauptung über das Handeln von Organisationen kann zerlegt werden in eine Reihe von Interaktionen zwischen Individuen" (Weick, 2009, S. 50).

Die informelle Seite von Organisationen wird in den neueren Organisationstheorien immer häufiger begrifflich mit „impliziten oder emergenten Prozessen" (ein Überblick hierzu ist bei Schreyögg & Geiger, 2016 zu finden) umschrieben. „Gemeint sind ganz generell Handlungsmuster, die sich in Organisationen entwickeln und außerhalb oder neben den Erwartungsbahnen der formalen Struktur bewegen." Genauer wird immer dann von emergenten Prozessen gesprochen, „wenn sie sich auf keine einzelne Intention (Ausgangsziel) zurückführen lassen (…) und wenn das Ergebnis nicht vorhersagbar ist", weil sich die dafür notwendige Struktur erst im Laufe des Prozesses entwickelt hat (Schreyögg & Geiger, 2016, S. 289). Bei diesem Verständnis von Organisation stehen folglich vor allem die Personen (als einzelne Elemente des Systems), das Verhalten der Personen (ihre geleiteten Handlungen) und das dadurch begründete System als überindividuelle Einheit im Mittelpunkt.

3.2.2 Selbstreferenzialität und Umweltabgrenzung

Organisationen tendieren grundsätzlich dazu, sich von ihrer Umwelt abzugrenzen und selbstreferenziell zu agieren. Es besteht bei den Mitarbeiterinnen und Mitarbeitern einer Organisation daher oft die Neigung, Informationen und Entwicklungen aus der Umwelt selektiv wahrzunehmen. Der Nutzen dieser selektiven Wahrnehmung und Interpretation von inneren und äußeren Geschehnissen in einer Organisation liegt darin, die Organisationskultur in ihrer Logik und Funktion aufrechtzuerhalten. Die systemische Organisationtheorie spricht in diesem Zusammenhang von Organisationen als **autopoietische Systeme**. „Autopoietische Systeme sind lebende Gebilde, die sich selbst herstellen und erhalten. Das geschieht, indem sie die Komponenten und Bestandteile, aus denen sie bestehen, selbst produzieren und herstellen, indem sie also durch ihr Operieren ihre eigene Organisation fortlaufend erzeugen. Dies muss man sich derart vorstellen, dass die Komponenten in einem zirkulären Prozess miteinander interagieren und dass dabei die Komponenten ständig erzeugt werden, die zur Erhaltung des Systems notwendig sind" (Kneer & Nassehi, 2000, S. 48–49). „Autopoietische Systeme" sind demnach „selbstbezüglich (i. S. v. selbstreferenziell) operierende Systeme, die sich aufgrund des Netzwerkes ihrer Prozesse als zusammengesetzte Einheiten konstituieren und gegen ihre Umwelten abgrenzen" (Simon, 2011b, S. 23). Jedes System verfügt also über ein eigenes Selbsterhaltungspotenzial. Womit alle Systeme und damit auch Organisationen selbstreferenziell sind und in sich geschlossen handelnde Systeme mit dem Charakteristikum der Selbst(re)produktion und der Absicht, das Gleichgewicht zu erhalten (Homöostase).

Wie bereits gesagt, besteht bei Organisationsmitgliedern oft die Neigung, Informationen und Entwicklungen aus der Umwelt selektiv wahrzunehmen. Gibt es beispielsweise eine Schulung zum Thema „Umsetzung des Bundesteilhabegesetzes" im Gesamtverband der Lebenshilfe, an der die Führungskräfte der untergeordneten Standorte teilnehmen, dann werden von den einzelnen Personen nur die Facetten mitgenommen und umgesetzt, die zu ihrem bisherigen Leitungsstil und der Organisation passen. Und das ist auch der Grund, warum es beispielsweise für einen Träger der Jugendhilfe so schwer ist, sich auf neue Verfahren im

3.2 Zum systemischen Verständnis von Organisationen

Qualitätsmanagement einzulassen, neue Übergangsstrukturen zwischen Kindertagesstätten und Grundschulen zu gestalten oder ein nicht erwartetes Ergebnis einer Schulsozialarbeiterbefragung zuzulassen und Schlussfolgerungen zu ziehen. Systeme wehren sich häufig gegen neue Erkenntnisse, Verfahren oder Ansichten. Im Streben um Gleichgewicht sind sie dazu geneigt, gewohnte Prozesse, Abläufe, Netzwerke und Verfahren aufrechtzuerhalten. Etwas radikal formuliert, könnte man daher behaupten, „dass jedes Bemühen einer politischen Steuerung der Gesellschaft illusionär sei, weil alle gesellschaftlichen Teilsysteme **geschlossene Operationszusammenhänge** bilden, an denen politische Impulse entweder völlig abprallen oder in deren eigensinnigen Bahnen politische Impulse jedenfalls zu gänzlich unvorhersehbaren Effekten führen" (Benz et al., 2007, S. 12–13).

Treffend schreiben Jung und Wimmer daher, dass die Selbstorganisation und damit die Identität einer Organisation vor allem davon definiert wird, wie sich eine **Organisation von ihrer Umwelt abgrenzt:**

> „Das, was eine Organisation ist, lässt sich also nur beschreiben, wenn man den Zusammenhang mit dem sieht, was sie alles nicht ist (nämlich ihre Umwelt). Im Zentrum der Theoriearchitektur haben wir es folglich mit einer Paradoxie zu tun: Organisationen sind das, was sie sind, immer nur unter Berücksichtigung dessen, was sie nicht sind. Oder: Man muss das, was man alles ausschließt (die Umwelt), theoriekonstitutiv bereits miteinschließen (indem man von Anfang an die System-Umwelt-Differenz bezeichnet), will man ein angemessenes Verständnis von Organisationen bekommen. Genau darin besteht das Programm einer systemtheoretischen Organisationswissenschaft, und die zentrale Frage, die sich daraus ableiten lässt, lautet demzufolge nicht, was Organisationen sind, sondern wie Organisationen die Differenz zwischen dem System (also zwischen sich selbst) und der Umwelt operativ erzeugen" (Jung & Wimmer, 2014, S. 100).

Soziale Systeme definieren sich, indem sie sich von ihrer Umwelt abgrenzen. Die Selbstreferenzialität von Organisationen speist sich dabei auch dadurch, dass Unternehmen genau definieren, was ihr Aufgabenbereich, ihre Identität, ihr Leitbild ist. Sie bringen darüber zum Ausdruck, was sie sind, was sie können und was sie eben genau nicht sein wollen.

3.2.3 Organisationskulturen

Will man Organisationen aus systemtheoretischer Sicht verstehen und beeinflussen, ist es wichtig, die **informelle Seite** einer Organisation (vgl. Abs. 2.2.1) analytisch und theoretisch greifbarer zu machen. Eine Grundlage dafür ist das Verständnis über die Konstituierung von Organisationskulturen, wie ihn der wissenssoziologische Ansatz von Berger und Luckmann (1977) bietet. Berger und Luckmann konnten zeigen, dass Organisationen kollektive Wissensbestände sind, die in einem Prozess der wechselseitigen Typisierung von Handlungen wie auch Handelnden entstehen. Durch die Betonung der wechselseitigen Typisierung wollten Berger und Luckmann insbesondere zum Ausdruck bringen, dass handelnde Akteure in Institutionen Erwartungshaltungen zum einen darüber haben, wie andere sich verhalten sollten, und zum anderen auch sehr genau wissen, dass ganz bestimmte Erwartungshaltungen an sie selbst herangetragen werden. Diesen Prozess nennen sie „Institutionalisierung": „Institutionalisierung findet statt, sobald habitualisierte Handlungen durch Typen von Handelnden reziprok typisiert werden. Jede Typisierung, die auf diese Weise vorgenommen wird, ist eine Institution. (...) Wenn habitualisierte Handlungen Institutionen begründen, so sind die entsprechenden Typisierungen Allgemeingut" (Berger & Luckmann, 1977, S. 58).

Der Vorgang der **„Institutionalisierung"** beschreibt somit das Entstehen und die Bedeutung der informellen Seite in Organisationen. Gemäß Berger und Luckmann handeln soziale Akteure in Organisationen regelkonform, weil sie sich auf eine gemeinsame Vorstellung von Welt beziehen. Dies beinhaltet beispielsweise die Vorstellung davon, welche sozialen Akteure in welcher Weise sinnvoll und angemessen handeln und welche sozialen Fakten als geltend akzeptiert und auch nicht mehr hinterfragt werden. „Die Wirksamkeit von institutionalisierten Erfahrungen, Vorstellungen, Anforderungen beruht, kurz gesagt, darauf, dass sie im Alltagshandeln als erwiesen bzw. als unabänderlich gegeben unterstellt und nicht weiter thematisiert oder hinterfragt werden" (Koch, 2009, S. 112). Mit dem Prozess der Institutionalisierung schaffen Organisationen für ihre Mitglieder eine bestimmte Kultur, die ihnen eine kollektive Orientierung bietet.

Die damit entstehende Organisationskultur bindet das Handeln der einzelnen Mitarbeiter und Mitarbeiterinnen in ein System gemeinsam getragenen Sinns. Hiermit verbunden sind auch gemeinsame Orientierungen und Interpretationsmuster für Phänomene, die innerhalb und außerhalb der Organisation relevant sind. Man geht in der (systemtheoretischen) Organisationtheorie davon aus, dass jede Organisation ein solches Muster von Grundannahmen – und damit eine spezifische Kultur – hervorbringt. Diese Muster prägen die Wahrnehmungsprozesse, Einstellungen und Ursachenzuschreibungen der Organisationsmitglieder. „Organisationen, so die Idee, entwickeln eigene unverwechselbare Vorstellungs- und Orientierungsmuster, die das Verhalten der Mitglieder nach innen und außen auf nachhaltige Weise prägen. Gemeint sind vor allem spezifische Überzeugungen, Werte und Symbole, die sich in einer Organisation im Laufe der Zeit entwickeln und das Handeln der Organisationsmitglieder informell prägen" (Schreyögg & Geiger, 2016, S. 363).

3.2 Zum systemischen Verständnis von Organisationen

Sie wirken deshalb sowohl auf der kognitiven als auch auf der emotionalen Ebene der Organisationsmitglieder. Der **innere Aufbau einer jeden Organisationskultur** ist durch drei Grundelemente gekennzeichnet (Schreyögg & Geiger, 2016, S. 317 ff.): Basisannahmen, Normen und Standards sowie Symbolsysteme.

- **Basisannahmen** beschreiben die „tiefste Ebene" der Prägung einer Organisationskultur und prägen grundlegende Orientierungs- und Verhaltensmuster in einer Organisation. Sie können in sechs Unterkategorien unterteilt werden: 1) Annahmen über die Umwelt, 2) Vorstellungen über die Wahrheit 3) und über die Zeit, 4) Annahmen über die Natur des Menschen, 5) die Natur des menschlichen Handelns und 6) über die Natur zwischenmenschlicher Beziehungen. Basisannahmen existieren in der Regel implizit in den Vorstellungen der Organisationsmitglieder und wirken meist unbewusst. Sie bilden ein gemeinsames Muster (eine Art „Weltbild"), das innerhalb der Organisation das aufgabenbezogene und soziale Gefüge prägt. Um beim oben genannten Beispiel zu bleiben: Man ist in der Werkstatt für Menschen mit Behinderung davon überzeugt, dass es das Beste für die Betroffenen, aber auch für die Gesellschaft ist, wenn es zwei getrennte Arbeitsmarktsysteme gibt.
- **Normen und Standards** prägen die Wertvorstellungen und Verhaltensstandards der Organisationsmitglieder. Es geht dabei insbesondere um Prinzipien und Verhaltensanforderungen für die Vielzahl von wiederkehrenden Situationen in einer Organisation. Mitarbeiter und Mitarbeiterinnen können an diesen Normen und Standards „richtiges" und „falsches" Verhalten unterscheiden. Um wiederum am Beispiel anzuknüpfen: Es wäre durchaus denkbar, dass die Mitarbeiter und Mitarbeiterinnen die Gesetzesänderung zum Bundesteilhabegesetz aus dem Jahr 2017 für schlichtweg falsch erklären.
- In **Symbolsystemen** finden Basisannahmen, Normen und Standards einen sichtbaren, symbolhaften Ausdruck. Typische Beispiele hierfür sind Handhabung von Ritualen und Zeremonien (Geburtstage, Weihnachtsfeiern usw.), Redewendungen und Abkürzungen oder auch „typische" Geschichten über die Organisation. Weiterhin sind Firmenzeichen der Organisation, Kleidung der Mitarbeiter und Mitarbeiterinnen, die Gestaltung der Räume ein Ausdruck des Symbolsystems einer Organisation.

Aus systemtheoretischer Sicht ist nun entscheidend herauszustellen, dass Organisationskulturen nicht „gemacht" werden. Sie entwickeln sich emergent. Das heißt, sie werden nicht willkürlich erschaffen, sie entstehen vielmehr im Zusammensein und aus der Geschichte der Organisation heraus. Dies mildert ihre Wirkung jedoch nicht ab. Die Wirkung der Organisationskultur wird deshalb sowohl auf der kognitiven als auch auf der emotionalen Ebene einer Person entfaltet. Sie bildet den Rahmen für den Teil des Gefühlslebens von Organisationsmitgliedern, der in Verbindung mit den Aufgaben und dem Alltagsleben in der Organisation steht. Hierdurch entfalten Organisationskulturen unbewusste Wissens- und Normbestände und werden durch neue Mitarbeiter und Mitarbeiterinnen auch intuitiv übernommen. Sie wachsen in diese Handlungsmuster oftmals unbewusst hinein. Simon stellt im Zusammenhang mit der Bedeutung von Organisationskulturen heraus, dass „sie zur Bindung und Motivation der Mitglieder jenseits vertraglicher Pflichten beitragen. Sie werden aber, da sie nicht den offiziellen Zweck der Organisationen dienen, oft nicht bewusst ins Kalkül gezogen. Sie und ihre Bedeutung fallen als gewohnte Alltagspraxis erst dann auf, wenn durch überraschendes Verhalten oder unerwartete Entscheidungen gegen sie verstoßen wird und sich immer lauter die Frage stellt, ob die Organisation noch ‚die alte' ist" (Simon, 2011b, S. 97). Diese informellen Verhaltensentwicklungen in Organisationen werden in der Organisationsforschung häufig mit dem Stichwort „**Emergenz**" bzw. als emergente Prozesse beschrieben: „Gemeint sind ganz generell Handlungsmuster, die sich in Organisationen entwickeln und außerhalb oder neben den Erwartungsbahnen der formalen Struktur bewegen" (Schreyögg & Geiger, 2016, S. 289).

3.2.4 Kopplung Mensch und Organisation

Nun stellt sich noch die Frage, wie die einzelnen Menschen an eine Organisation gebunden werden. Erinnern wir uns dazu an ein Zitat, welches weiter oben bei der informellen Seite von Organisation aufgegriffen wurde, in dem es hieß: „Wann immer Organisationen handeln (…), dann sind es Individuen, die handeln. Und jede Behauptung über das Handeln von Organisationen kann zerlegt werden in eine Reihe von Interaktionen zwischen Individuen" (Weick, 2009, S. 50). Um diese „Kopplung", wie Weick es nennt, besser zu verstehen, ist es wichtig zu verstehen, dass das **Basiselement aller sozialen Systeme Kommunikation** ist. Kommunikation ist damit immer als kleinste Einheit in sozialen Systemen zu verstehen (Luhmann, 1984).

Grundlegend koppelt Kommunikation zwei (oder mehrere) Akteure aneinander. Dabei ist davon auszugehen, dass sich Kommunikation zwischen zwei Menschen nicht in einem geradlinigen Sinne herstellt. Vielmehr wird von einem Modell ausgegangen, in welchem Kommunikation als wechselseitige Übertragung einer Nachricht von einem Sender zu einem Empfänger verstanden wird. Das von Watzlawick entwickelte **Kommunikationsmodell**

3.2 Zum systemischen Verständnis von Organisationen

(Watzlawick et al., 1967) stellt dabei heraus, dass der Sender die Nachricht seinen individuellen Wahrnehmungsprozessen gemäß kodiert, was zur Folge hat, dass der Empfänger die Nachricht wiederum seiner eigenen individuellen Wahrnehmungsverarbeitung gemäß dekodieren muss. Wechselseitig wird dieser Prozess in einer Kommunikation stetig wiederholt, wodurch die beteiligten Kommunikationspartner immer wieder vom Sender zum Empfänger und vom Empfänger zum Sender werden (ebd.). Luhmann unterscheidet nun wiederum drei Selektionsmechanismen, die der Empfänger vornimmt: Selektion der Information, Selektion der Mitteilung und Selektion des Verstehens bzw. des Missverstehens der Mitteilung. Es geht also zunächst bei jeder Botschaft darum, dass der Empfänger eine ganz bestimmte Information aus der Botschaft/der Nachricht auswählt. Bei der Selektion der Mitteilung ist entscheidend, dass der Empfänger die Art und Weise der Informationsübermittlung konstruiert. Und bei der Selektion des Verstehens kommt es darauf an, wie der Empfänger die Information und die Mitteilung interpretiert: „Verstehen bezieht sich darauf, wie die geäußerte und mitgeteilte Information verstanden wird" (Meissner et al., 2014, S. 206).

Dies verweist mit aller Konsequenz auf die Grunderkenntnisse des **Konstruktivismus,** demnach Menschen zu rein objektiver Wahrnehmung und Erkenntnis nicht fähig sind. Der Mensch als soziales System konstruiert sich seine Wirklichkeit vor dem Hintergrund seiner Vorerfahrungen. Diese Realitätskonstruktion geschieht durch die individuelle Wahrnehmung (wobei deren Auswahl durch je eigene Filter bestimmt ist), durch subjektive Bedeutungs- und Sinngebung und durch die gemeinsame Konstruktion von Wirklichkeit mit anderen. Um es in einem Bild auszudrücken: Wie wir die Welt sehen, bilden wir auf inneren Landkarten ab. Und wichtig ist zu verstehen, dass diese Landkarten nicht die Landschaft sind. Sie beeinflussen aber dennoch unser Verhalten in starkem Maße. Und damit ist die Bedeutung des Verhaltens anderer eben nicht nur von deren tatsächlichem Verhalten abhängig. Vielmehr ist es ein Produkt subjektiver Interpretation. Konstruktivisten sprechen daher statt von Wahrheit lieber von Gangbarkeit (Viabilität) und Nützlichkeit. Sprich, es interessiert nicht, ob die Landkarte richtig ist, sondern ob man mit ihr gut wandern kann (Simon, 2011a). Die Erkenntnisse des Konstruktivismus haben deutliche Konsequenzen für das Verständnis von Organisationen. Für das Verständnis von Organisationen und ihrer Gestaltung ist es eine zentrale Erkenntnis, dass die Deutung organisationsbezogener Wirklichkeiten ein Konstrukt derjenigen ist, die diese Deutung vornehmen. „Die Funktion menschlicher Kommunikation – so lässt sich zusammenfassen – besteht nicht im Transport von Nachrichten, sondern in der Koordination von Akteuren und ihren Aktionen. Und sie erfolgt durch die wechselseitige Interpretation des beobachteten Verhaltens" (Simon, 2011b, S. 21). Und in diesem System erfolgt auch die Kopplung von Mitarbeitenden an Organisationen.

Die **strukturelle bzw. formale Kopplung** des Systems Mensch an das System Organisation erfolgt dabei in allererster Linie durch die jeweilige Aufgabe bzw. Stelle. Aus Organisationsperspektive kann also mit der Aufgabe der Schnittpunkt zwischen formaler Handlungsanforderung der Organisation und dem Individuum analysiert werden. Die jeweilige Aufgabe stellt eine „Aufforderung zum wiederholten Handeln dar" (Nerdinger, 2003, S. 182) und wird in Ableitung der Gesamtaufgabe der Organisation definiert. Die Inhalte jeder einzelnen Stelle werden in der Regel in Stellenbeschreibungen fixiert. Die Erfüllung der Aufgabe ist dann wiederum abhängig davon, wie die einzelne Person dies versteht und konstruiert: „Wie sie die Aufgaben verstehen, legt fest, wie Mitarbeiter und Mitarbeiterinnen ihr Verhalten steuern, um die jeweilige Aufgabe zu erfüllen" (Nerdinger, 2003, S. 182). Dabei ist es von dem individuellen Wahrnehmungs- und Verarbeitungsprozess einer Person abhängig, wie die jeweiligen Aufgaben im Gesamten und im Detail verstanden, bewertet und ausgefüllt werden. Bei der Konstruktion der jeweiligen Aufgabe nehmen also kognitive Prozesse der Wahrnehmung ebenso wie erfahrungsabhängige Prozesse der Ursachenzuschreibung und der Einstellungen erheblichen Einfluss darauf, wie eine Person ihre Aufgabe in einer Organisation erfüllt. Es sollen dabei im Folgenden vier voneinander abhängige Aspekte beschrieben werden, die dies beeinflussen (Nerdinger, 2003, S. 183 ff.):

1. **Verständnis:** Zunächst muss der/die Handelnde die Aufgabe, die erfüllt werden soll, im Gesamtzusammenhang mit der Organisation und deren Zielen verstehen.
2. **Akzeptanz:** Die Aufgabe muss akzeptiert werden, was in der Konsequenz bedeutet, dass die damit verbundenen Anforderungen bereitwillig erfüllt werden.
3. **Motivation:** Darüber hinaus bewerten Menschen Aufgaben immer im Hinblick auf die eigene Motivation und Werteorientierung.
4. **Erfahrung:** Der Verständnisprozess und die jeweilige Interpretation werden dabei außerdem beeinflusst durch frühere Erfahrungen, die die Person stark geprägt haben.

Es lässt sich nun eine klare Linie zwischen dem **Handlungs- und dem Kommunikationssystem** in sozialen Systemen ziehen. Während Handlungssysteme auf eine Person beschränkt sein können und in der Regel festgelegt sind durch die jeweilige Aufgabe, die eine Person in einer Organisation erfüllt, geht

3.2 Zum systemischen Verständnis von Organisationen

Kommunikation über die einzelne Person hinaus (Simon, 2011a). Kommunikation ist also nicht als Handlung eines einzelnen Menschen zu verstehen. Vielmehr wird sie „als Ereignis konzeptualisiert, bei dem eine dreifache Selektion stattfindet: unter den möglichen Mitteilungen, den möglichen Informationen und den Verstehensmöglichkeiten" (Simon, 2014, S. 59). Soziale und psychische Systeme sind somit Systeme, die „als Sinn konstituierende und verwendende Systeme" zu verstehen sind. Dies unterscheidet sie eindeutig von allen anderen Systemtypen, denn andere Lebewesen oder Nervensysteme haben „keine Verwendung für Sinn" (Kneer & Nassehi, 2000, S. 75). Menschliches Verhalten ist damit konsequent vor einen Sinnhorizont gestellt. Denn jeder muss entscheiden, was er als sinnhaft empfindet bzw. wie er dies für das eigene Handlungssystem interpretiert (Simon, 2014).

Eine weitere wichtige Erkenntnis, die Luhmann mit seiner Systemtheorie hervorbrachte, war die Einsicht, dass Menschen in modernen Gesellschaften nicht mehr über Normen oder Werte an soziale Systeme gebunden werden können. Vielmehr ist es so, dass mit fortschreitender Moderne der **individuelle Sinn,** den jeder in seiner Aufgabe/seinem Job empfindet, eine zentrale Bedeutung einnimmt. Wenn Kommunikation also die dreifache Selektion von möglichen Mitteilungen, möglichen Informationen und möglichen Verstehensoptionen bedeutet, dann ist die Sinndeutung eine weitere, anschließende Selektionsform (Luhmann, 1984). „Geht man vom Sinnbegriff aus, ist als Erstes klar, dass Kommunikation immer ein selektives Geschehen ist. Sinn lässt keine andere Wahl, als zu wählen. Kommunikation greift aus dem je aktuellen Verweisungshorizont, den sie selbst erst konstituiert, etwas heraus und lässt anderes beiseite. Kommunikation ist Prozessieren von Selektion" (Luhmann, 1984, S. 194). Sinn kann also weder verneint noch in irgendeiner Form vermieden werden. Er wohnt psychischen und sozialen Systeme inne (Luhmann, 1984). Denn „Verhalten lässt sich mit der Hypothese erklären, die beteiligten Personen würden ihren eigenen Handlungen sowie denen ihres Interaktionspartners irgendeinen Sinn zuschreiben und aufgrund dieser Sinngebung aufeinander reagieren" (Simon, 2014, S. 58).

Dabei impliziert die Sinndeutung immer zwei Optionen: Es geht nicht nur um die Sinngebung, die eine Person wählt, sondern immer auch implizit um die vielen anderen möglichen Optionen der Sinngebung. Das heißt, es kann nicht verneint werden, dass psychische und soziale Systeme mit Sinn agieren, aber es **können Sinnentwürfe verneint** werden. Denn in der Realität muss jeder aus einer Vielzahl an möglichen Sinnoptionen wählen (Berghaus, 2011). Sinn ist in diesem Rahmen mehr als der Gegensatz von „sinnlos" und „sinnvoll". Es geht vielmehr um eine Einheit von gewähltem („aktualisierter Sinn") und möglichem („potenzieller Sinn") Sinn (ebd.). Sinn wird demnach individuell konstruiert:

Jeder Mensch wählt mehr oder weniger bewusst, welchen Sinn die eigene Tätigkeit hat. Daher gibt es viele Möglichkeiten und Varianten, etwas als sinnvoll zu erachten. Um eine **Struktur in diese unendlichen Möglichkeiten** zu bringen, unterscheidet Luhmann drei „Dimensionen" von Sinn: Die „Zeitdimension", die „Sachdimension" und die „Sozialdimension" (Luhmann, 1984). Diese fundamentalen Unterscheidungslinien sind laut Luhmann in jeder Sinnzuweisung vorhanden (Berghaus, 2011, S. 123 ff.).

1. Die **Zeitdimension** nimmt Bezug zu den Sinnhorizonten und ihrer Gültigkeit für den Einzelnen und soziale Systeme in Vergangenheit, Gegenwart und Zukunft. „Sinnvollerweise wird immer alles, was man tut, sagt und beobachtet, nach früher/später, vorher/nachher bzw. Vergangenheit/Zukunft geordnet" (Berghaus, 2011, S. 124). So ist es normal, dass man beispielsweise in unterschiedlichen Lebensabschnitten unterschiedliche Maßstäbe, Ziele und Werte für sinnvoll und erstrebenswert erachtet.
2. Die **Sozialdimension** wird von Luhmann mit dem Prinzip „Alter Ego" gleichgesetzt. Es geht darum, die Perspektiven von Menschen zu unterscheiden. „Sinnvollerweise wird immer zwischen der eigenen Perspektive und den Perspektiven der anderen, nach Ego und Alter unterschieden" (Berghaus, 2011, S. 124). Die Unterscheidung von Sach- und Sozialdimension ermöglicht es, sachliche und beziehungsorientierte sowie andere Aspekte in Kommunikationen getrennt voneinander zu betrachten.
3. Die **Sachdimension** bezieht sich dabei auf Gegenstände und Themen in psychischen und sozialen Systemen. Sie wird gebildet, indem man das Gemeinte in unterschiedliche sachliche Elemente zerlegt. „Sinnvollerweise wird immer nach innen/außen unterschieden, das heißt, was dazugehört und was nicht; um welche Themen es gerade geht versus nicht geht" (Berghaus, 2011, S. 124). Mit anderen Worten könnte man auch sagen, dass die Sachdimension die Inhaltsaspekte in Kommunikation meint. Simon bebildert diese Dimension im folgenden Zitat: „Man redet über das Wetter, die Nachbarn, die Politik oder das neue Auto – alles Themen, die der Sachdimension der Kommunikation, ihrem Inhaltsaspekt, entsprechen – und während man das tut, spricht man über alles andere, über das man gleichzeitig auch noch sprechen könnte (z. B. die Langeweile, die einem immer bei Gesprächen über derartige Themen heimsucht)" (Simon, 2011a, S. 98).

Nach diesen drei Sinndimensionen agieren psychische und soziale Systeme. So beobachten, ordnen, erklären und beschreiben sie Welt. Die Analytik und die Entwicklung sozialer und psychischer Systeme setzt damit auch ein Verständnis dieser Dimensionen voraus (Berghaus, 2011, S. 124 ff.). Nur durch Sinn ist also die Reproduktion der Elemente psychischer und sozialer Systeme möglich. Sinn ermöglicht die Anschlussfähigkeit an vergangenes Handeln oder vergangene Kommunikation und zeigt gleichzeitig neue Möglichkeiten auf, die jedoch eine Selektion aus der Unendlichkeit der Möglichkeiten darstellen. Sinn verweist also zunächst auf eine Vielzahl von Möglichkeiten, stellt aber gleichzeitig eine Auswahl aus diesen dar.

Unternehmen, die mit aktiver Sinndeutung arbeiten, binden die Mitarbeitenden aktiv ein. Es ist wichtig, wie deren Deutung auf die Rolle der Organisation in der Umwelt/Gesellschaft ist und welcher organisationsbezogene Sinn hieraus formuliert werden kann. Nachweislich ist die Zufriedenheit dann von den Mitarbeitenden höher, als wenn die Organisation den Sinn lediglich strategisch festlegt und in der Fassade der Organisation verankert (Laloux, 2017). „Statt die Zukunft vorherzusagen und zu kontrollieren, werden die Mitglieder der Organisation eingeladen, darauf zu horchen und zu verstehen, was die Organisation werden will, in welche Richtung sie sich entwickeln will" (Laloux, 2017, S. 52).

Literatur

Berger, P. L., & Luckmann, T. (1977). *Die gesellschaftliche Konstruktion der Wirklichkeit.* Fischer.
Berghaus, M. (2011). *Luhmann leicht gemacht.* UTB.
Bertalanffy, L. v. (1951). Zu einer allgemeinen Systemlehre. *Biologia Genneralis. Archiv für die allgemeinen Fragen der Lebensforschung, 19,* 114–129.
Jung, S., & Wimmer, R. (2014). Organisatione als Differenz: Grundzüge eines systemtheoretischen Organisationsverständnisses. In R. Wimmer, J. Meissner, & P. Wolf (Hrsg.), *Praktische Organisationswissenschaft. Lehrbuch für Studium und Beruf* (S. 97–113). Carl Auer.
Koch. (2009). Die Bausteine neo-institutionalistischer Organisationstheorie – Begriffe und Konzepte im Laufe der Zeit. In S. Koch & M. Schemmann (Hrsg.), *Neo-Insititutionalismus in der Erziehungswissenschaft. Grundlegende Texte und empirische Untersuchungen* (S. 110–132). VS Verlag.
Kühl, S. (2011). *Organisationen. Eine sehr kurze Einführung.* Springer VS.
Kühl, S. (2017). *Leitbilder erarbeiten. Eine kurze organisationstheoretisch informierte Handreichung.* Springer.
Laloux, F. (2017). *Reventing Organizations. Ein illustrierter Leitfaden sinnstiftender Formen der Zusammenarbeit.* Vahlen.
Luhmann, N. (1984). *Soziale Systeme.* Suhrkamp.
Mayntz, R. (2008). Von der Steuerungstheorie zu Global Governance. In G. Schuppert & M. Zürn (Hrsg.), *Governance in einer sich wandelnden Welt* (S. 43–60). VS Verlag.

Meissner, J., Gentinle, G., & Tuckermann, H. (2014). Kommunikation: Eine Hinführung zum Kommunikationsverständnis der neuen Systemtheorie. In R. Wimmer, J. Meissner, & P. Wolf (Hrsg.), *Praktische Organisationswissenschaft. Lehrbuch für Studium und Beruf* (S. 192–2016). Carl Auer.
Nerdinger, F. W. (2003). *Grundlagen des Verhaltens in Organisationen.* Kohlhammer.
Pressmann, J., & Wildavsky, A. (1973). *Implementation; How great expectations in Washington are dashed in Oakland; Or, why it´s amazing that federal programs works it all.* University of California Press.
Schilling, J., & Zeller, S. (2010). *Soziale Arbeit. Geschichte – Theorie – Profession* (4. Aufl.). UTB.
Schreyögg, G., & Geiger, D. (2016). *Organisation. Grundlagen moderner Organisationsgestaltung. Mit Fallstudien.* Springer.
Senge, P. (1996). *Die fünfte Diszplin.* Klett-Cotta.
Siedenbiedel, G. (2010). *Organisation.* UTB.
Simon, F. B. (2011a). *Einführung in die systemische und Konstruktivismus.* Carl Auer.
Simon, F. B. (2011b). *Einführung in die systemische Organisationstheorie.* Carl Auer.
Simon, F. B. (2014). Wurzeln der systemischen Organisationnstheorie. In R. Wimmer, J. Meissner, & P. Wolf (Hrsg.), *Praktische Organisationswissenschaft. Lehrbuch für Studium und Beruf* (S. 50–61). Carl Auer.
Watzlawick, P., Beavin, D., & Jackson, D. (1967). *Menschliche Kommunikation.* Huber-Verlag.
Weick, K. E. (2009). Bildungsorganisationen als lose gekoppelte Systeme. In S. Koch & M. Schemmann (Hrsg.), *Neo-Institutionalismus in der Erziehungswissenschaft: Grundlegende Texte und empirische Studien* (S. 58–109). VS Verlag.

Literatur zur Vertiefung

Bauer, G. (2013). *Einführung in das systemische Sozialmanagement.* Heidelberg: Carl Auer.
Benz, A., Lütz, S., Schimank, U., & Simonis, G. (Hrsg.) (2007). *Handbuch Governance. Theoretische Grundlagen und empirische Anwendungfelder.* Wiesbaden: VS Verlag.
Kneer, G., & Nassehi, A. (2000). *Nikals Luhmanns Theorie sozialer Systeme.* UTB.
Kühl, S. (2011). *Organisationen. Eine sehr kurze Einführung.* Springer VS.
Luhmann, N. (1984). *Soziale Systeme.* Suhrkamp.
Malik, F. (2013). *Management. Das A und O des Handwerks.* Frankfurt am Main: Campus Verlag.
Schreyögg, G., & Geiger, D. (2016). *Organisation. Grundlagen moderner Organisationsgestaltung. Mit Fallstudien.* Wiesbaden: Springer.
Simon, F. B. (2011). *Einführung in die Systemtheorie und Konstruktivismus.* Carl-Auer.
Spieß, E., & Rosenstiel, L. (2010). *Organisationspsychologie.* München: Oldenburg Verlag.
Weick, K. E. (2009). Bildungsorganisationen als lose gekoppelte Systeme. In S. Koch, & M. Schemmann (Hrsg.), *Neo-Institutionalismus in der Erziehungswissenschaft: Grundlegende Texte und empirische Studien* (S. 58–109). Wiesbaden: VS Verlag für Sozialwissenschaften.
Wimmer, R., Meissner, J., & Wolf, P. (2014). *Praktische Organisationswissenschaft. Lehrbuch für Studium und Beruf.* Carl Auer.

Soziale Einrichtungen systemisch führen 4

▶ **Lernziel** In diesem Kapitel lernen Sie den Unterschied zwischen traditionellen und systemtheoretischen Perspektiven auf Management und Führung kennen. Hiervon ableitend werden Ihnen die Steuerungsmöglichkeiten von Organisationen erläutert, die zur Orientierung in der Organisationsstruktur sowie zur Reduktion ihrer Komplexität dienen. Diese Steuerungsmöglichkeiten von Organisationen sollen Ihnen die Funktionsbereiche und Kompetenzen von Führungskräften anhand eines reflexiven Führungsverständnis erläutern. Hierbei wird vor allem auf die Bedeutung von Macht und Entscheidungsprämissen und auf die Bedeutung von emergenten Prozessen eingegangen. Es wird weiterhin erläutert, warum eine Kultur des Vertrauens und der Wertschätzung so wichtig ist, und weshalb Führungskräfte ein hohes Maß an (Selbst-)Reflexionskompetenz und Ambiguitätstoleranz benötigen.

4.1 Management – Begriff und Dimensionen

4.1.1 Traditionelle Vorstellungen von Management und Steuerung

Bei der Suche nach Definitionen von „Management" wird man besonders in der Betriebswirtschaftslehre fündig. „Etymologisch wird die Stammbedeutung des Begriffs einerseits auf den lateinischen Begriff für Hand (manus) bzw. Handanlegen (manu agere) zurückgeführt. Neuere ideengeschichtliche Herleitungen sehen jedoch eher eine Verbindung mit dem italienischen Verb maneggiare für „an der Hand führen" bzw. „ein Pferd in der Manege führen", aus dem sich das englische Verb to manage (bewerkstelligen, handhaben, führen oder leiten) ableiten soll. Eine alternative etymologische Herleitung ergibt sich mit dem lateinischen Begriff mansionem agere (haushalten bzw. das Haus – z. B. für den Eigentümer – bestellen). Dieser Begriff steht in einem philosophiegeschichtlichen Zusammenhang mit der in der griechischen Philosophie entwickelten Ökonomik als Lehre der Führung des Haushalts (griech.: oikos)" (Haric, 2019).

Geht man von den Wortstammdeutungen einen Schritt weiter zu den **Definitionen von Management aus der Wirtschafts- und Sozialwissenschaft,** wird deutlich, dass es mittlerweile viele unterschiedliche Deutungen gibt. Je nach Forschungsschwerpunkt werden andere Bedeutungszusammenhänge hervorgehoben, die einen kleinsten gemeinsamen Nenner erkennen lassen: In der Regel wird mit dem Begriff Management „ein planvolles, systematisches, gestaltendes und interessensgeleitetes Handeln" verbunden. „Manager lenken, leiten, führen, steuern, beeinflussen" (Böttcher & Merchel, 2010, S. 27).

Neben diesen Ebenen werden traditionell, allen Unterschiedlichkeiten der Praxis- und Forschungszugänge zum Trotz, zwei grundlegende Perspektiven auf Managementvorgänge unterschieden: „(1) Eine funktionale Perspektive, die Management als leitende Tätigkeit betrachtet und beschreibt, und (2) eine institutionelle Perspektive, die das leitende Organ unterschiedlicher Organisationsformen als Management beobachtet" (Haric, 2019). Der betriebswirtschaftliche Managementbegriff unterscheidet demnach Management als Funktion und Management als Institution (Wöhrle, 2012).

- Die **funktionale Managementdimension** bezieht sich auf alle Aktivitäten der Zielsetzung, Planung, Entscheidung, Durchsetzung und Kontrolle organisatorischer Regeln. In dieser Bedeutung ist Management in Organisationen vor allem Arbeitsteilung (Arbeiten auf die Mitarbeiter verteilen) und Koordination (alle verteilten Aufgaben auf ein übergeordnetes Ziel ausrichten) (Wöhrle, 2012). In einem traditionellen Managementverständnis wird die Erledigung dieser Managementaufgaben im Rahmen eines Kreislaufes gedacht. Hiernach stehen die fünf klassischen Managementaufgaben (Planung – Organisation – Personaleinsatz – Führung – Kontrolle) in einer genauen Abfolge zueinander. „In dem so konzipierten klassischen Managementprozess werden die Managementfunktionen als Phasen einer aufeinander aufbauenden Abfolge von Aufgaben angesehen" (Schreyögg &

4.1 Management – Begriff und Dimensionen

Koch, 2020, S. 9). Es geht also vor allem um die Analyse von Situationen, die Definition von Zielen, die Planung, Beschaffung und Bereitstellung der notwendigen Mittel und Ressourcen sowie die Entscheidung über Aktionen zur Erreichung der Ziele mit den vorhandenen Ressourcen. Zudem gehört hierzu auch die Definition und Entscheidung für die weitere Entwicklung der Organisationen, um eine möglichst effiziente Zielerreichung zu ermöglichen und die Delegation von wichtigen Aktivitäten und Tätigkeiten an jeweilige Mitarbeitende und Teams (Haric, 2019).

- Die **institutionelle Managementdimension** hingegen bezieht sich auf soziale Systeme in einer Organisation. Hier stehen also vor allem Aspekte der Menschenführung im Mittelpunkt. Daher wird dieser Aspekt in Wissenschaft und Praxis in der Regel mit der Beschreibung „**Führung**" verbunden. Ziel ist es, die Aktivitäten der Mitarbeitenden auf eine gemeinsame Aufgabe hin auszurichten, um Voraussetzungen für funktionale und instrumentelle Abläufe zu schaffen (Wöhrle, 2012). Folglich stehen bei den institutionellen Managementaufgaben vor allem die Personen (als einzelne Elemente des Systems), das Verhalten der Personen (ihre geleiteten Handlungen) und das dadurch begründete System als überindividuelle Einheit im Mittelpunkt. Institutionelle Führungstätigkeiten meinen demnach vor allem das Kommunizieren, Informieren, Fördern und Anerkennen von Mitarbeitenden durch Leitungskräfte. Die grundlegenden Aufgabenfelder von Führungskräften lassen sich bei einem allgemeinen Blick in die Literatur unter dem Stichwort „General Management" finden. In der Regel werden folgende Dimensionen und Bereiche unterschieden: Strategie- und Organisationsentwicklung, Marketing, Controlling, Reflexion und Selbstbeobachtung, Ressourcenmanagement und Personalmanagement (Wimmer & Schumacher, 2014; Grunwald, 2018).

Um Managementvorgänge in Organisationen zu systematisieren, werden zudem Prozesse und Tätigkeiten auf normativer, strategischer und operativer Ebenen unterschieden: Das **normative Management** richtet sich auf die Kontextbedingungen in einer Organisation und legt mit Werten, Normen und Grundhaltungen die Basiskriterien fest. Das Management auf strategischer Ebene konkretisiert die Basiskriterien im Rahmen von Strategien und Zielstellungen. Es geht auf dieser Ebene vor allem darum, die Produkte und sozialen Dienstleistungen einer Organisation zu gestalten und die Organisation günstig am Markt zu platzieren, um den Wettbewerbsbedingungen bestmöglich gerecht zu werden. „Zentrale Aufgabenstellung des strategischen Managements ist die Beantwortung der Frage, welche Aufgaben öffentlich überhaupt wahrgenommen werden sollen und welche davon prioritär unter Berücksichtigung der zur Verfügung stehenden Ressourcen bearbeitet werden sollen (Selektionsfunktion). **Strategisches Management** setzt ein gut ausgebautes Planungs- und Analysepotenzial voraus, durch welches das strategische Controlling in die Lage versetzt wird, Zielbildung, Entwicklungsplanung, Programmformulierung, mittelfristige Fach- und Ressourcenplanung u. Ä. auf der operativen Ebene zu steuern" (Dahme & Wohlfahrt, 2018, S. 153). Im **operativen Management** geht es in der Regel darum, die sozialen Dienstleistungen gesteuert umzusetzen und deren Abläufe zu kontrollieren (Schönig et al., 2018). Diese klassischen funktionalen Vorstellungen von Managementvorgängen und der Rolle von Führungskräften lassen sich als „**plandeterminiert**" umschreiben. Sie „gehen davon aus, dass die zentralen Steuerungsfunktionen bei einer vorauslaufenden, möglichst umfassenden Planung liegen. Alle weiteren Steuerungsaktivitäten sollen sich von dieser ‚Totalplanung' ableiten lassen (…)" (Grunwald, 2018, S. 372). Institutionelle Managementaufgaben werden in der Regel organisational in Führungspositionen verortet. Mit dem „Manager" wird häufig die Hoffnung verbunden, man könne Unternehmen linear beeinflussen und steuern. Bei einem kritischen Nachdenken über die strikte Trennung von institutionellen und funktionalen Managementdimensionen wird schnell deutlich, dass dies lediglich eine theoretisch-analytische Trennung sein kann. Dies erweist sich schnell bei einem Blick in die Praxis: Sobald sich die Frage nach der bewussten Gestaltung einer Organisation im Sinne des funktionalen Managements stellt (Planung von Arbeitsaktivitäten), ist hiermit auch immer die Frage verbunden, wer dies übernehmen kann (Personalführung und -management).

Ähnlich verhält es sich mit einer linearen Abfolge von Managementprozessen in einem immer wiederkehrenden Kreislauf. Diese traditionellen Vorstellungen von Managementabläufen und Führungsgeschehen erweisen sich in einer systemtheoretischen Reflexion weder theoretisch noch praktisch als haltbar. Es ist wohl kaum möglich, bei der Planung eines neuen Projektes die Arbeitsabläufe so zu planen, dass alle Eventualitäten und spontanen Ereignisse, die sich im inneren und äußeren der Organisation vollziehen können, einbezogen werden. Und auch bei der strikten Trennung von normativen, strategischen und operativen Ebenen des Managements leuchtet es ein, dass die Werte und Normen einer Organisation zwar auf der Schauseite festgelegt, auf der operativen Ebene der Umsetzung und der damit verbundenen informellen Seite jedoch ganz anders gedeutet werden können (vgl. Abs. 2.2.1). Im Nachfolgenden wird dargestellt, welche Perspektiven die systemische Organisationstheorie auf diese traditionellen Managementvorstellungen hat. Dabei werden die Begriffe Management, Führung und Organisationsgestaltung wie in ähnlichen Beiträgen (Grunwald, 2018) synonymhaft betrachtet.

4.1.2 Systemtheoretische Perspektive auf Management und Steuerung

In den traditionellen Managementvorstellungen wird davon ausgegangen, dass man mittels Top-Down-Strategien gesellschaftliche Bereiche und Organisationen durch formale Vorgaben beeinflussen und lenken kann. Wie bereits ausgeführt (vgl. Abs. 2.1.1), wird in einer objektivierten Idee von Planung zwischen Steuerungssubjekt und Steuerungsobjekt unterschieden (Mayntz, 2008). Führungspersonen werden in diesem **mechanisch-deterministischen Weltbild** häufig als „Macher" begriffen, die mit strategisch durchdachten Entscheidungen Systeme lenken und leiten. Der Erfolg des Managements wird „anhand von methodisch zwar sehr anspruchsvollen Verfahren, aber im Grunde durch inhaltlich ebenso einfache Gesetzmäßigkeiten und einfache Abhängigkeiten zu erklären" versucht (Steiger, 1999, S. 55).

Wie fern dies von realen Abläufen und Ansprüchen ist, zeigen empirische Untersuchungen über Handlungsspielräume von Führungskräften. Man konnte belegen, dass bei der Konzeption von Managementaufgaben immer unvorhersehbare und damit nicht planbare Komponenten den Ablauf und die Entscheidungsspielräume beeinflussen. So gibt es beispielsweise immer Handlungszwänge, denen Führungskräfte unterworfen sind, und auch äußere und innere Restriktionen und Begrenzungen seitens der Organisationen (durch Satzungen, Regelungen, altbewährte Handlungsabläufe etc.). Nur zu einem gewissen Anteil können Führungskräfte eigene Entscheidungen treffen, dadurch Gestaltungen in der Organisation vornehmen und diese so beeinflussen (Schreyögg & Koch, 2020, S. 549 ff.). Auf die Eigendynamik und Selbstreferenzialität von Organisationen verweisen auch viele **Implementationsforschungen.** Wie bereits ausgeführt, wurde dies eindrücklich unter anderem durch die Untersuchungen von Pressmann und Wildavsky (1973) gezeigt (vgl. Abs. 2.1.1). Im deutschen Raum zeigte Dörner erstmals Ende der 1980er-Jahre mit „Logik des Misslingens" (2006) auf, dass jedem Gestaltungsversuch hochgradig intransparente und eigendynamische Prozesse innewohnen, die kaum vorab zu planen sind. Dörner verweist dabei eindrücklich auf Verhaltensweisen, die Menschen im Umgang mit komplexen Problemen zeigen, und erläutert bildhaft „Neben- und Fernwirkungen" (S. 14). Er geht zudem nachvollziehbar darauf ein, wie die Entscheidungen in komplexen Situationen durch Denk- und Gefühlsmechanismen von Menschen beeinflusst werden.

Folgerichtig werden die traditionellen Managementvorstellungen in der neueren Management-Literatur kritisiert (Schreyögg & Geiger, 2016; Schreyögg & Koch, 2020). Dies nicht zuletzt, weil eine lineare Abfolge von Managementhandlungen jeglicher Realität widerspricht. Schreyögg und Geiger weisen hierbei auf **interessante Rückkopplungseffekte bei Kontroll- und Bewertungssystemen** hin, die sich nicht plandeterministisch beeinflussen lassen: „Bei Kontrollsystemen und Kontrollhandlungen geht es zum Beispiel nicht nur um die Beschaffung und Analyse von Informationen über den Planvollzug, sondern sie haben auch Auswirkungen auf Einstellungen und Verhaltensweisen der Mitarbeiter zu und in ihrer Arbeit. Zu viel Kontrolle entmutigt, schafft Misstrauen, regt zum Ausweichen an usw. Ähnliche Rückkoppelungen gibt es auch bei den anderen Funktionen: Ein Beurteilungssystem kann der Motivation entgegenstehen und eine zu detaillierte Planung lässt zu wenig Raum für hochqualifiziertes Personal. (…) Schon aus diesen wenigen Beispielen folgt, dass für gewöhnlich mehrere Funktionen gleichzeitig bedacht werden müssen; so ist z. B. die Entscheidung für ein Motivationssystem zugleich auch eine Entscheidung für ein Kontrollsystem oder zumindest die Entscheidung gegen einen bestimmten Typus von Kontrollsystemen" (Schreyögg & Koch, 2020, S. 12).

Diese **Steuerungsskepsis** hat mittlerweile auch in sozialwirtschaftlicher Perspektive und in das Management sozialer Organisationen Einzug gehalten. Dies ist zum einen mit Blick auf die Praxis der Sozialwirtschaft und sozialer Organisationen deutlich erkennbar. Zum anderen gibt es mittlerweile zahlreiche einschlägige Theoriedebatten (Merchel, 2015; Lambers, 2017; Grunwald, 2018). Für einen Überblick sei an dieser Stelle der Beitrag von Grunwald (2018) exemplarisch genannt. In diesem zeigt er eine Entwicklung von Ansätzen auf, „die von einer klar auf Planung setzenden und deswegen auch ‚plandeterminierten Steuerungskonzeption' über das Gegenkonzept der ‚inkrementalistischen Steuerung' und den Ansatz der ‚geplanten Evolution' bis zum Konzept der ‚dezentralen Kontextsteuerung' reicht, welche der Möglichkeit einer Steuerung komplexer (sozialer) Systeme durchaus skeptisch gegenübersteht" (S. 373). Im Fazit stellt er fest: „Angesicht der Komplexität, der mangelnden Durchschau- und Verstehbarkeit wie auch der Notwendigkeit permanenten Wandels und permanenter Flexibilität sozialer Systeme kann die ‚Steuerung' von sozialwirtschaftlichen Einrichtungen nicht (plan-)deterministisch gedacht werden (…)" (Grunwald, 2018, S. 373). Dieser Skepsis wird mit einer systemtheoretischen Sicht auf Management und Führung Rechnung getragen.

Ein systemtheoretisches Verständnis von Steuerung und Management „richtet sich gegen bürokratische Managementmodelle, die nach normierten Prinzipien von Arbeitsteilung und Spezialisierung festgelegt sind" (Deller & Brake, 2014, S. 258). Aus systemtheoretischer Sicht werden Organisationen als soziale Systeme begriffen, die umfassend und produktiv zugleich sind, und die

4.1 Management – Begriff und Dimensionen

es zu gestalten, zu lenken und zu entwickeln gilt. Es geht also vielmehr darum, eine Perspektive im Führungsverständnis einzunehmen, die der Komplexität von Situationen Rechnung trägt, was voraussetzt, dass komplexe persönliche und organisationsbedingte Bezugsebenen miteinbezogen werden (Steiger, 1999). „Dieser Ansatz bricht folglich mit der Vorstellung eindeutiger und beherrschbarer Ursache-Wirkungs- oder Mittel-Zweck-Beziehung" (Deller & Brake, 2014, S. 257). **Management und Führung ist in diesem Verständnis „die bewegende Kraft,** überall, wo es darum geht, durch ein arbeitsteiliges Zusammenwirken vieler Menschen gemeinsam etwas zu erreichen, in der Landesverteidigung ebenso wie in der Kirche, auf dem Gebiet der Erziehung und der Gesundheitspflege ebenso wie in der Wirtschaft" (Ulrich, 1972, S. 13).

In einer systemtheoretisch reflektierten Managementorientierung geht es also weniger um eine Linearität von Planung als vielmehr um ein multidimensionales Verständnis von Steuerung. Dieses Grundverständnis von Steuerung kommt aus der **Kybernetik.** Der Begriff stammt aus dem Griechischen (kybernetes) und bedeutet so viel „Steuermann". Die Kybernetik wird daher allgemein als Kunst der Steuerung, Lenkung und Regelung verstanden, die sich mittlerweile zu einer Wissenschaft etabliert hat. Sie „erforscht die wesentlichen Eigenschaften von dynamischen Systemen, damit diese die relevanten Informationen verarbeiten können und die Systeme zielgerecht gelenkt werden bzw. sich selbst entsprechend lenken" (Feess, 2018b). Diesem Verständnis von Kybernetik folgend geht auch Malik davon aus, dass es „natürliche Gesetzmäßigkeiten gibt, welche die Kontrolle und das Funktionieren aller Systeme bestimmen. Dabei ist es gleichgültig, ob es sich um natürliche oder künstliche Systeme handelt, und egal, ob es biologische, physikalische, technische, soziale oder ökonomische Systeme sind" (Malik, 2013, S. 53).

Dieses Grundverständnis führt vor Augen, „dass Management nicht in erster Linie bedeutet, die Wirklichkeit richtig zu sehen und zu erkennen und daraus die richtigen Schlussfolgerungen für die Führung von Mitarbeitenden und Unternehmen zu ziehen, sondern dass bereits in der Betrachtung der unternehmerischen Wirklichkeit diese konstruiert bzw. erfunden wird" (Feess, 2018a). Ein systemtheoretisches Modell von Management benötigt aus diesem Grund eine Minimalvorstellung von **Komplexität.** Ohne das Verständnis komplexer sozialer Systeme „kann man nicht vernünftig über den Zweck gesellschaftlicher Institutionen und ihre Funktionsanforderungen sprechen" (Malik, 2013, S. 49). So formuliert Malik treffend weiter: „In gewisser Weise kann Management als die Fähigkeit definiert werden, erfolgreich mit komplexen Systemen umzugehen, sie in eine erwünschte Richtung zu steuern und ihr Verhalten so zu beeinflussen, dass bestimmte Ziele erreicht werden. Man kann auch sagen, Management bedeutete, ein System unter Kontrolle zu bringen und halten" (2013, S. 50).

Dies alles unter der Maßgabe, dass sich die Funktionsfähigkeit sozialer Systeme (und damit auch sozialer Organisationen) gerade aus deren Komplexität ergibt. Es ist die Komplexität und das flexible Zusammenspiel von Systemelementen, welches die Lern- und Anpassungsfähigkeit von Systemen ermöglicht: „**Je komplexer ein System, umso größer sein Verhaltensspektrum**" (Malik, 2013, S. 55). Oder mit anderen Worten: Je komplexer ein System, desto höher sind dessen Reaktionsmöglichkeiten und Anpassungsfähigkeit an wandelnde Bedingungen. Und dies ist gerade in der Sozialwirtschaft wichtig. Erinnern wir uns an die stetigen wandelnden Umweltbedingungen, auf die soziale Organisationen heute reagieren müssen. Aufgrund permanent im Wandel begriffener politischer Rahmenbedingungen und gesellschaftlicher Problemsituationen besteht für soziale Organisationen ein fortwährender Handlungsbedarf. Aus diesem Grund ist es weder hilfreich noch sinnvoll, nach einem einheitlichen Führungskonzept zu suchen oder gar einen bestimmten Führungsstil zu favorisieren. Vielmehr geht es um eine Form von Kontrolle, die sich auf die Regulierung, Steuerung und Regelungen von sozialen Organisationen einlässt. Dabei ist Kontrolle nicht als zwanghaftes Verhalten oder blindes Machtstreben zu verstehen. Es geht vielmehr um das Wahrnehmen, Ordnen und Organisieren der Grundelemente und Wechselwirkungen eines Systems (Malik, 2013). Dies impliziert die Berücksichtigung und Einbeziehung von Planungsdaten, Kontexten und Rahmenbedingungen, um Realitäten in der Organisation und der Umwelt der Organisationen wahrzunehmen und stets eine prozessuale Flexibilität und Offenheit zu wahren (Miller, 2005). In einem solchen Verständnis bedeutet „Führung" also ein gewisses Maß an Kontrolle über die Komplexität einer Organisation.

Deshalb ist **Management aus systemtheoretischer** Sicht nur multidimensional zu verstehen. Führung bedeutet darin nicht mehr, Mitarbeitende nach eigenem Duktus zu lenken und zu leiten, sondern Rahmenbedingungen so zu gestalten, dass Menschen nach ihren Fähigkeiten Positionen selbst gestaltend und selbstverantwortlich erfüllen können (Steiger, 1999). Führung und Management lässt sich daher auch nicht auf einzelne Facetten und zu „managende" Einheiten reduzieren (Malik, 2013). Ein systemtheoretisches Verständnis von Führung geht vielmehr über die Funktionsbereiche einer Organisation hinaus und nutzt die innere Komplexität.

Doch was bedeutet das nun für das Führen von sozialen Einrichtungen? Hierzu werden im Folgenden zunächst die Steuerungsmöglichkeiten in Organisationen beschrieben, um anschließend auf die Funktionsbereiche und notwendigen Kompetenzen von Führungskräften gezielter einzugehen.

4.2 Steuerungsmöglichkeiten von Organisationen

Um das komplexe Verständnis systemtheoriebasierter Steuerung in die Wirklichkeiten des täglichen Managementhandelns übersetzen zu können, ist es hilfreich, neben den Seiten von Organisationen (vgl. Abs. 2.2.1) zusätzlich **Organisationsstrukturen** zu beschreiben, die als Entscheidungsprämissen und damit als Steuerungsbereiche verstanden werden können. Diese Vorgehensweise geht auf Herbert A. Simon (1957) zurück und hat sich in der systemischen Organisationstheorie weitestgehend durchgesetzt. Demnach sind Strukturen in Organisationen als Entscheidungen zu verstehen, „die als Prämissen – als Voraussetzungen – für andere Entscheidungen dienen" (nach Simon, H., 1957 aus Kühl, 2016, S. 13). Die Struktur einer Organisation dient also immer der Ausrichtung der Organisation selbst. In Anlehnung an Simon hat sich in den Organisationswissenschaften die Unterscheidung dreier Strukturtypen (= Voraussetzungen wesentlicher Entscheidungsprämissen) durchgesetzt: Die Programm-, die Kommunikations- und die Personalstruktur (Kühl, 2016).

4.2.1 Kommunikationsstruktur

In jedem sozialen Unternehmen gibt es bestimmte Kommunikationswege, die sich anhand der Seiten von Organisationen gliedern lassen. So lassen sich Kommunikationswege auf der Schauseite, auf der formalen Seite und auf der informellen Ebene einer Organisation beschreiben.

1. **Kommunikationswege auf der Schauseite** werden in der Regel durch Marketingstrategien und Öffentlichkeitsarbeit bearbeitet und gestaltet. Ein gezieltes Marketing ist insbesondere seit den Reformprozessen der 1990er-Jahren in den Einrichtungen der Sozialen Arbeit zu einer wichtigen Notwendigkeit geworden, die in der Praxis jedoch sehr unterschiedlich erfüllt wird. Sozialmarketing kann dabei als „Vermarktungsprozess der vielfältigen Angebote sozialer personenbezogener Dienstleistungen" verstanden werden. „Darin eingeschlossen sind Marketing-Aktivitäten aller sozialwirtschaftlichen Organisationen" (Vaudt, 2018, S. 578). Aufgrund des Einführungscharakters dieses Buches wird auf die systemische Gestaltung des Marketings in sozialen Unternehmen nicht weiter eingegangen. Hierbei sei auf weitere Veröffentlichungen verwiesen (Gesmann & Merchel, 2019; Lambers, 2017).

2. **Formal festgelegte Kommunikationswege** sind erkennbar durch Zuständigkeiten, Hierarchien und Instanzen wie Fachabteilungen oder -gremien. Ersichtlich ist diese Ordnung in der Regel durch das Organigramm einer Einrichtung. „Die prominenteste Art der Fixierung von Kommunikationswegen ist (...) die Hierarchie. Über Hierarchien wird einerseits festgelegt, wer wem über- und untergeordnet ist, es wird mithin Ungleichheit etabliert. Gleichzeitig wird durch Hierarchien aber auch Gleichheit produziert, weil festgelegt wird, welche Abteilungen sich auf der gleichen hierarchischen Ebene der Organisation befinden" (Kühl, 2016, S. 18).

Die Staffelung der Aufgabenverteilung in Steuerungs- und Ausführungsaufgaben legt eine formale Hierarchie in Organisationen fest. Hierarchie bezeichnet folglich eine Rangordnung, welche Elemente eines Systems zunächst formal einander über- bzw. untergeordnet sind, wodurch zum einen die sozialen Beziehungen und zum anderen die sachlichen Zuständigkeiten gesteuert werden. Durch Hierarchien werden demnach Machtverhältnisse festgelegt. Das äußert sich unter anderem darin, dass die Kommunikation zu den anderen Mitgliedern einer Organisation – frei nach dem Motto „zu viele Köche verderben den Brei" – massiv eingeschränkt wird. Das soll einen entlastenden Charakter für alle Beteiligten haben, eine möglichst hohe Klarheit nach innen und außen schaffen, und somit die Voraussetzungen dafür schaffen, dass Kommunikationswege und damit verbundene Entscheidungsstrukturen möglichst effizient und effektiv gestaltet werden. Strukturen steuern also Kommunikationswege. Solche Kommunikationswege entlasten nicht nur Vorgesetzte, sondern auch das Kollegium untereinander: Vorgesetzte wissen, dass Dienstanweisungen bzw. delegierte Aufgaben übernommen werden (bzw. zunächst in der Regel eine Zustimmung erfolgt, diese zu übernehmen), und Kollegen wissen untereinander, wer für welche Art von Aufgaben und Entscheidungsumsetzung zuständig ist bzw. was nicht zum eigenen Zuständigkeitsbereich gehört. So ist auch in jeder sozialen Organisation ein Organigramm zu finden, welches Auskunft darüber gibt, wer welche Zuständigkeiten innehat und welche Personen man für bestimmte Aufgaben bzw. Fragen ansprechen kann. Durch eine solche Strukturbildung innerhalb von Organisationen werden organisationsbezogene Ziele und Aufgaben bestimmt und einzelnen Abteilungen bzw. Bereichen zugeordnet, unterschiedliche Tätigkeiten strukturiert miteinander verbunden, notwendige interne Kooperationen definiert und Entscheidungs- und Weisungsbefugnisse festgelegt. Innerhalb dieser Strukturen wird dann in der Regel auch festgelegt, bei wem Zuständigkeiten und Entscheidungsbefugnisse liegen (Merchel, 2015). „Diejenigen, die für eine bestimmte Entscheidung zuständig sind, können davon ausgehen, dass diese systemintern als richtig angesehen und nicht angezweifelt wird. Sie müssen im Problemfall aber auch die Verantwortung übernehmen und haben für eventuelle Fehler oder negative Konsequenzen geradezustehen" (Kühl, 2016, S. 17–18).

3. **Kommunikation** findet in Organisationen jedoch nicht nur in formal festgelegten Strukturen statt, sondern auch **in informellen Strukturen.** Sichtbar wird dies in der Praxis durch organisationskulturelle Zusammenhänge. So werden neue Mitarbeitende in der Regel nicht explizit in die Kultur einer Organisation (vgl. Abs. 2.2.3) eingeführt. Basisannahmen wie Weltanschauungen oder politische Einstellungen, Wertevorstellungen und Verhaltensstandards sowie die Bedeutung von Symbolsystemen werden vielmehr ganz nebenbei im Alltag vermittelt. Entscheidend ist jedoch, dass hierüber auch Kommunikationswege in Organisationen gestaltet werden. So ist es unumstritten, dass die Kommunikationswege auf informeller Ebene erheblichen Einfluss auf Kognitionen und Emotionen der Organisationsmitglieder haben und damit auch die Kommunikations- und Handlungssysteme in Organisationen in einem nicht unerheblichen Maße beeinflussen.

4.2.2 Programmstruktur

Mit Programmen wird festgelegt, welches Verhalten und welche Handlungsstrategien in einer Organisation verfolgt werden sollen. Beispiele für die Steuerung über Programme sind Dienstanweisungen, betriebswirtschaftliche Zielsysteme, Ablaufprogramme oder auch fachliche Standards bzw. Orientierungen. Entscheidungsprogramme werden dabei grundsätzlich nach Zweck- und Konditionalprogrammen voneinander unterschieden (Luhmann, 2000).

Zweckprogramme legen fest, welche Ziele von einer Organisation erreicht werden sollten (Kühl, 2016). Ziele haben dabei eine orientierungsstiftende Funktion für Organisationen, denn durch sie werden zukünftige Entscheidungen in der Organisation vorbereitet, was wiederum eine verhaltensorientierende Wirkung auf die Organisationsmitglieder hat. Zudem wird durch die Festsetzung von Zielen eine Kontrolle und Analyse von Arbeitsabläufen ermöglicht. Dabei haben Ziele von Organisationen, die im Rahmen von Zweckprogrammen festgelegt werden, immer Funktionen nach innen und nach außen.

Nach außen hin haben Ziele die Funktion, öffentlichkeitswirksam Interessensträger („Stakeholder") aus der Umwelt zu informieren sowie die gesellschaftliche Daseinsberechtigung und den Leistungsbereich der Organisation allgemein zu kommunizieren. Stakeholder sind dabei sowohl Politiker als auch

Leistungsempfänger und Kostenträger – und auch andere Organisationen, die in Kooperation und/oder Konkurrenz stehen. Um vor allem auf emotionaler Ebene eine Identifizierung mit der Organisation zu erwirken, werden übergreifende Ziele in der Regel auch im Leitbild einer Organisation verankert. Diese öffentlichkeitswirksame Maßnahme hat nicht zwangsläufige reale Auswirkungen nach innen (Merchel, 2015).

Um Ziele nach innen werden wirksam werden zu lassen, dienen sie auf formaler Ebene als Grundlage zur Erarbeitung von konkretisierenden Programmen und Konzepten, als Maßstab für die Erfolgskontrolle und als Rechtfertigungs- bzw. Legitimationsmittel bei internen Diskursen über Verhaltens- und Strategieausrichtungen. Solche **Konditional- bzw. Handlungsprogramme** beziehen sich in der Regel auf feste Abläufe in Organisationen und fixieren diese. Durch solche Ablauforganisationen werden Arbeitsabläufe strukturell definiert. Sie dienen als Vorgaben bzw. Orientierung, um das Verhalten von Mitarbeitenden auf die Organisationsziele hin auszurichten. Handlungsprogramme nehmen idealtypisch Bezug auf fachliche Aspekte (nach welchen Verfahrensweisen wird agiert), administrative Aspekte (Verwaltungsabläufe), betriebswirtschaftliche Aspekte (angemessener Umgang mit Ressourcen) und normative Aspekte (Wertevorstellungen, Traditionen, Weltanschauungen) (Kühl, 2018; Merchel, 2015).

4.2.3 Personalstruktur

Zu diesem Bereich zählen alle Fragen des Personalmanagements. Die Handlungsbereiche des Personalmanagements werden dabei klassischerweise nach institutionellen und funktionalen Aspekten voneinander unterschieden: „Beim institutionenbezogenen Personalmanagement im Sinne einer Beziehungsgestaltung und Verhaltenssteuerung handelt es sich um personale Führungstätigkeiten. Das funktionenbezogene Personalmanagement im Sinne einer Systemgestaltung umfasst z. B. die Personalbeschaffung, den Personaleinsatz und die Personalentwicklung" (Kolhoff, 2018, S. 452).

Die Personalstruktur in Unternehmen wird durch die **Personalpolitik** gesteuert, die dabei als „System von Zielen, Normen und Methoden zur Regelung der individuellen Arbeitsverhältnisse und der Zusammenarbeit" in der Organisation aufzufassen ist. Wichtig ist zu beachten, dass dieses System viele wichtige Teilsysteme beinhaltet, die steuerbar sind. Hier sind unter anderem „Gehaltssystem, Personalqualifikation, Aus- und Weiterbildungen, Nachfolgeplanung und vor allem Personalbeschaffung" zu nennen (Näf, 1999, S. 40). All diese Aufgaben und Teilsysteme stehen in einem nicht unerheblichen Zusammenhang miteinander und

4.2 Steuerungsmöglichkeiten von Organisationen

finden im besten Fall eine kongruente Ausrichtung in einer bewusst geplanten Personalpolitik. Eine gute Personalpolitik beinhaltet damit immer zwei Hauptziele: Es geht zum einen darum, die langfristige Existenz des Unternehmens durch geeignetes Personal zu sichern. Zum anderen geht es darum, die (individuellen) Bedürfnisse der Mitarbeitenden nach angemessen Maßstäben zu befriedigen (ebd.). Das Personal ist in den Organisationen der Sozialen Arbeit die bedeutendste Ressource. Aus einer systemischen Organisationsperspektive heraus ist es in diesem Steuerungsbereich daher wichtig zu erkennen, dass Organisationen nicht nur entscheiden, welches Personal sie einstellen – vom Personal in Organisationen werden auch Entscheidungen getroffen. Es gehört zu den grundlegenden Erkenntnissen der Organisationswissenschaft, dass Entscheidungen und die Art der Zusammenarbeit von Organisationen untereinander entscheidend von den Persönlichkeiten derjenigen beeinflusst wird, die die jeweilige Vertretung der Organisation übernehmen. Es ist daher für die Ausrichtung und die Entscheidung (= Struktur einer Organisation) nicht beliebig, wer einen Posten übernimmt. Hierbei spielen sowohl **fachliche als auch persönliche Eigenschaften** von Personen in Organisationen eine entscheidende Rolle (Kühl, 2016). So wird ein Sozialarbeiter auf dem gleichen Posten möglicherweise andere Entscheidungen treffen als ein Betriebswirtschafter. Und ein Mensch, der eher kollegial und gemeinschaftlich ausgerichtet ist, wird vermutlich andere Kooperationsstrukturen zu anderen Abteilungen und Organisationen aufbauen als ein Mensch, der eher narzisstisch und manipulativ ausgerichtet ist. Aus einem systemisch verstandenen Organisationskonzept heraus ist es daher vor allem im Teilsystem der Personalbeschaffung elementar, frühzeitig zu klären, welche Anforderungen und Bedingungen die Organisation und Stelle mit sich bringt und welche persönlichen Interessen und Ziele bei dem potenziellen Mitarbeitenden liegen. Das heißt, Unternehmen müssen die Funktionen, Aufgaben und Anforderungen einer Stelle immer im Gesamtzusammenhang der Organisation formulieren. Und (potenzielle) Mitarbeitende sollten ausreichend Klarheit „über die persönlichen Bedürfnisse, Fähigkeiten, Neigungen und Arbeitsmotivationen" in Bezug auf die entsprechende Stelle und deren Aufgaben und Funktionsbereiche verfügen (Näf, 1999).

Wie in dieser (stark vereinfachten) Darstellung abgebildet (Abb. 4.1), gestalten sich in den neun Feldern zwischen den Seiten einer Organisation und ihren Strukturen alles Leben, alle Veränderungen, alle Konflikte und alle Möglichkeiten, die Organisationen haben. Und einzig in diesen neun Feldern ist auch eine reale Analyse von Organisationen möglich. Während die Bereiche auf Ebene der Schauseite und der formalen Seite in der Regel gut sicht- und beschreibbar sind, sind die Bereiche auf informeller Ebene häufig weniger sichtbar und in der Regel diffuser. So kann beispielsweise ein Organigramm (formale Seite) ein Hierarchie-

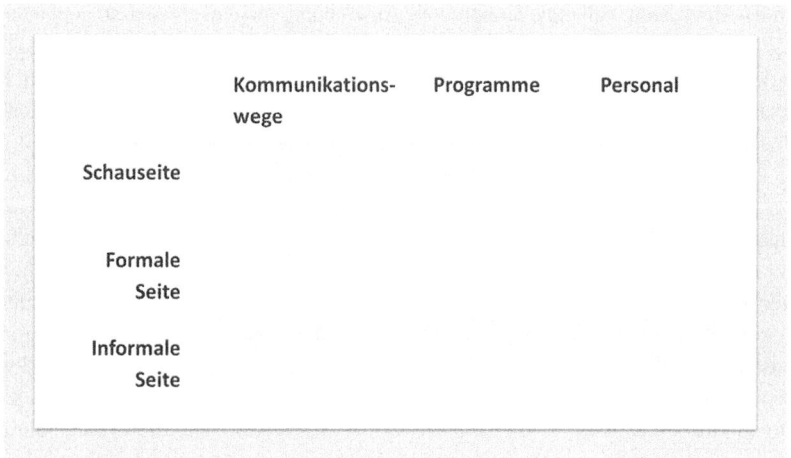

Abb. 4.1 Eigene Darstellung. (In Anlehnung an Kühl, 2016)

verhältnis auf der Schauseite ausweisen, die Realität in der Organisation zeigt aber, dass es „Schattenchefs" gibt, die auf der informellen Seite einen viel stärkeren Führungsanspruch haben. Auch kann es sein, dass auf Programmebene Veränderungen in der Konzeption eingeführt werden, die auf der informellen Seite von den Mitarbeitenden nicht akzeptiert werden. Dies führt vor Augen, wie differenziert und komplex die Aufgaben von Leitungspersonen in Organisationen sind. Im Nachfolgenden soll nun auf die Funktionsbereiche und Kompetenzen von Führungskräften eingegangen werden.

4.3 Funktionsbereiche und Kompetenzen in einem reflexiven Führungsverständnis

Leitungskräften bzw. Arbeitskräften, die auf unterschiedlichen Hierarchieebenen Führungsverantwortung übernommen haben, kommt im systemischen Sozialmanagement eine tragende Rolle zu. Denn trotz der steuerungsskeptischen Einschätzung der Systemtheorie sollte dies nicht zu dem Schluss führen, dass Organisationen nicht zu steuern sind. Organisationen sind soziale Gebilde, deren Basis die Kommunikation ist, und systemtheoretische Erkenntnisse machen vor allem eines deutlich: Soziale Organisationen sind nicht *linear* steuerbar. Das macht die Führung zu einer besonderen Herausforderung. Eine Thematisierung und Professionalisierung von Führungskräften bedeutet daher vor allem „organisationale Phänomene nicht verkürzt und fokussiert auf einzelne Personen zurückzuführen" (Wimmer & Schumacher, 2014, S. 222). Führungskräfte sollten deshalb nicht als „Heilsbringer" im Sinne eines falsch verstandenen „General Management" verstanden werden. In einem systemisch verstandenen Führungskonzept geht es vielmehr darum, Entscheidungsprämissen zu wählen und diese bewusst und systemisch-reflexiv zu kommunizieren. Daher bietet es sich an, von einem **„reflexiven" Führungsverständnis** (Gesmann & Merchel, 2019; Merchel, 2018) zu sprechen. Dieses geht davon aus, dass Führung

1. die Selbstreferenzialität und die damit verbundenen Logiken zu verstehen versucht,
2. auf einer solchen Basis dann Interventionen und Handlungsimpulse entwirft und realisiert,
3. die damit einhergehenden Auswirkungen und emergenten Prozesse analysiert und bewertet,
4. und schließlich danach trachtet, „aus dieser bewertenden Beobachtung neue (ggf. korrigierende) Impulse mit hypothetischen Wirkungserwartungen zu entwickeln, deren Verarbeitung wiederum zu beobachten und zu bewerten und aus denen Schlussfolgerungen für weitere Impulsgebungen zu erarbeiten" (Merchel, 2018, S. 577).

Zur weiteren Beschreibung des reflexiven Führungsverständnisses wird im Nachfolgenden auf den Umgang mit Macht und emergenten Prozessen eingegangen. Es wird zudem aufgezeigt, welche Bedeutung Vertrauen und Wertschätzung in einer Organisation haben und warum Führungskräfte ein hohes Maß an (Selbst-) Reflexionsvermögen und Ambiguitätstoleranz benötigen.

4.3.1 Zum Umgang mit Macht

„Macht beschreibt eine asymmetrische Beziehung, in der einer Partei die Rolle oder Funktion des ‚Machthabers', der anderen die des ‚Machtunterworfenen' zugeschrieben werden kann (vor allem von den Beteiligten selbst)" (Simon, 2011b, S. 87). In der Regel verfügen Führungskräfte per Hierarchie über eine machtvolle Position. **Hierarchien** haben in einem liberalen Land wie Deutschland, das von Ideen wie Gleichheit und Selbstbestimmung geprägt ist, viel von ihrer Bedeutung eingebüßt. Moderne Gesellschaften verfügen über keinen eindeutigen Herrscher, haben keine Staatsreligion oder ein festes Werte- und Normengerüst. Eine Diskussion über Hierarchien ist daher eher unpopulär geworden. Ein „westlicher" Blick in den Nahen Osten führt dies schnell vor Augen. In modernen Gesellschaften ist es undenkbar geworden, in diktatorischen, klar hierarchisierten Verhältnissen zu leben. Eine königliche Herrschaft gibt es nur noch symbolisch und ein Papst bestimmt längst nicht mehr über die verschiedenen Lebensbereiche der Menschen. In Organisationen sind Hierarchien allerdings weitgehend akzeptiert. Kühl bringt es treffend auf den Punkt, wenn er schreibt:

> „Man mag in Unternehmen darüber diskutieren, ob man Mitarbeitern mehr Mitspracherechte einräumen sollte; aber eine Chefin, die ihr Unternehmen als demokratisch strukturiert bezeichnet, würde sich vermutlich nicht nur bei ‚ihren' Mitarbeitern lächerlich machen. In einer Verwaltung mag darüber gestritten werden, ob man auf die Hierarchieebene der Sachgebietsleiter verzichten kann oder nicht, aber eine Enthierarchisierung der Verwaltung würde ganz selbstverständlich als ein Verstoß gegen die verfassungsrechtliche Ordnung bezeichnet werden" (Kühl, 2011, S. 20).

Macht ist in diesem Zusammenhang ein **strukturbedingtes Phänomen,** das durch die Hierarchie in Organisationen bestimmt wird (Spieß & Rosenstiel, 2010). Macht innerhalb einer Position/eines Amtes ist somit als Steuerungsmedium anzusehen. Die Beteiligten akzeptieren diese Asymmetrie der Beziehung als Folge ihrer eigenen Entscheidung, unter diesen Bedingungen in die jeweilige Organisation eingetreten zu sein (Simon, 2011b). Simon stellt in diesem Zusammenhang sogar die These auf, dass „Organisationen als soziale Systeme nicht denkbar [wären], ohne auf Macht als Erklärung Bezug zu nehmen" (Simon, 2011b, S. 87). Und auch Nerdinger (2003) geht davon aus, dass Macht ein fundamentales Phänomen für die Funktionsfähigkeit von Organisationen ist, da hierdurch die Steuerung und das Durchsetzen von Interessen gewährleistet werden. Vereinfacht drückt er aus, dass Macht in Organisationen das „Führen von Mitarbeitern" (Nerdinger, 2003, S. 143) ist.

„**Führung**" wird dabei als eine bewusste und zielbezogene Einflussnahme definiert (Rosenstiel, 2003). Personen in Führungsverantwortung sind Teil des vorherrschenden Kommunikations- und Handlungssystems. Sie haben aufgrund ihrer formal festgelegten Aufgabe und der damit verbundenen Funktion Entscheidungen im Alltagsgeschehen und über die Ausrichtung einer Organisation zu treffen. Dabei stehen sie vor einer doppelten Herausforderung: Sie sind selbst Teil des organisationsinternen Systems (und weiterer Kommunikationssysteme) und müssen das vorherrschende organisationsinterne Kommunikationssystem in gezielter Weise beeinflussen, um notwendige organisationale Ablauf- und Entwicklungsprozesse voranzutreiben. Führungskräfte nehmen damit kaum linearen Einfluss auf Systeme: „Mit dem Abschied von der Idee der Macht im Sinne einer

4.3 Funktionsbereiche und Kompetenzen …

gradlinigen Ursache-Wirkung-Beziehung ist auch die Vorstellung ad absurdum geführt worden, man könne Organisationen wie ‚triviale Maschinen' steuern" (Simon, 2011a, S. 108). Es geht vielmehr darum, in welcher Form sie machtvoll agieren. Denn die systemtheoretischen Ausführungen zu Organisationen sollten deutlich gemacht haben, dass Inputs von Organisationen immer nach ihrer eigenen organisationskulturellen Logik verarbeitet werden.

Wirkungsvolle Steuerung von Leitungspersonen in und von Organisationen setzt daher eine kongruente Beeinflussung des Kommunikations- und Handlungssystems voraus. Es braucht den Willen und die Entscheidung von Leitungsebenen, Prozesse in Gang zu setzen und Organisationen im Rahmen ihrer Selbstreferenzialität zu steuern und zu entwickeln. Dies ist im sozialen Bereich häufig nicht einfach. So trifft man in sozialen Unternehmen bei der Führung und im Team oft ein organisationskulturelles Verständnis an, welches davon ausgeht, dass „alle gleich sind", „gemeinsam entschieden wird" und man „flache Hierarchien lebt". So nachvollziehbar diese Haltungen sind, so hinderlich sind sie jedoch oft, wenn es um den Erfolg und die Zufriedenheit in Unternehmen geht. Klassicherweise steht dafür die Floskel ‚Der Fisch beginnt am Kopf zu stinken'. Wenn Führungspersonen sich dieser Rolle nicht bewusst sind, geraten Organisationen nicht selten ins Stocken, kommen Konflikte unter den Mitarbeitenden auf oder werden neue Ideen und Dynamiken blockiert.

Die wesentlichste Funktion von Führungskräften besteht also darin (in Ergänzung zur formalen Struktur), Entscheidung zu treffen und damit Unsicherheiten zu verringern. Es geht um die **„Entscheidung über Entscheidungsprämissen (…)"** (Simon, 2011a, S. 114) und die damit verbundene bewusste und systemisch-reflexive Kommunikation dieser Entscheidungsprämissen. Simon spricht in diesem Zusammenhang von **„Unsicherheitsabsorption"** (Simon, 2011b, S. 90). In einem so gedachten Funktionsbereich übernehmen Führungskräfte die organisationsbezogene Strukturierungsfunktion. Hiermit verbunden ist, dass bei den einzelnen Mitarbeitenden die Voraussetzungen geschaffen werden, dass diese ihre Aufgaben erfüllen können. Dies erfolgt in der Regel durch Formate wie persönliche Mitarbeitergespräche und Feedbacks, Delegationen sowie Dienst- und Teamberatungen. Dieser Bereich bezieht sich somit auf die organisatorische Absicherung der internen Abläufe einer Organisation und der damit verbundenen Herstellung des inneren Zusammenhalts (Merchel, 2005).

Es ist jedoch so, dass qua Amt auch eine Wirkung erzielt werden muss. Jeder kennt sicher Chefs, die wirkungsvoll sind, und jene, die weniger Wirkung erzeugen. Daher bietet es sich an, genauer zu unterscheiden, welche Machtgrundlagen sich definieren lassen. Nerdinger (2003) unterscheidet zwei Machtbasen: Positionsmacht und Personenmacht.

- **Positionsmacht** kommt auf verschiedene Weisen zum Ausdruck: durch die Autorität, die jemand aufgrund seines Amtes hat, durch Belohnungs- und Bestrafungsmöglichkeiten von Mitarbeitenden sowie durch Informationen, die jemandem nur aufgrund seiner Position zukommen.
- Die **Personenmacht** ist nicht an die Positionsmacht gebunden und kann durch unterschiedliche Formen zum Ausdruck kommen: durch Expertise, Überzeugungskraft, Identifikationsmacht und durch Charisma.

Macht in Organisationen ist nicht als einfaches Ursache-Wirkungs-Modell zu verstehen. Die formalen Strukturen einer Organisation geben den Beteiligten lediglich Orientierung in ihren Rollen und sorgen somit für eine Verringerung der Unsicherheit. Nur weil eine Führungskraft per Position eine machtvolle Stelle innehat, bedeutet dies nicht gleich, dass sie auch wirkungsvoll ist. Hierarchische Zusammenhänge und die daraus resultierenden Machtverhältnisse dienen vielmehr der Beschreibung von Beziehungskonstellationen zwischen Menschen in formalen Zusammenhängen. Aus systemtheoretischer Sicht ist Macht keine Eigenschaft, sondern ein durch Kommunikation verbindendes Element zwischen Personen. Um wirkungsvolle Einflussnahme zu verwirklichen, sollte Macht daher im besten Fall der Logik der Personenmacht folgen. Personen, die Führungsverantwortung übernehmen, sollten in dieser Rolle Akzeptanz und Vertrauen der Mitarbeitenden erhalten. Andernfalls können sie nicht wirkungsvoll führen. Das heißt, die **Asymmetrie der Positionen muss akzeptiert werden**.

Dabei zeigt ein Blick in die Realität sozialer Organisationen, dass *starre Hierarchien* und Machtgefüge nicht funktionieren: Große Organisationen, Verwaltungen, Kindertagesstätten, Werkstätten und Kinder- und Jugendhäuser lassen sich daher nicht ausschließlich hierarchisch steuern. Viel stärker ist zu beobachten, dass es vielfach und in unterschiedliche Richtungen geprägte Führungsprozesse gibt. Dies liegt nicht zuletzt daran, dass es für eine einzelne (Führungs-)Person schwierig geworden ist, in einer dem schnellen und stetigen Wandel unterliegenden Umwelt alle wichtigen Prozesse zu entscheiden: „Je vielfältiger das Umfeld der Organisation, je schneller die Veränderung von Märkten, Wissensbeständen und politischen Rahmenbedingungen, desto stärker müssten Organisationen sich dezentralisieren, desto schwächer würden hierarchische Entwicklungsmöglichkeiten und desto stärker bildeten sich laterale Kooperationsbeziehungen aus" (Kühl, 2017, S. 16).

Deshalb sollten die Entscheidungsbefugnisse und Verantwortungsbereiche nicht immer an Personen mit Führungspositionen gebunden sein. Gerade in der sozialen Branche ändern sich Anforderungen und Umweltbedingungen so schnell, dass es Führungskräften gar nicht möglich ist, alle relevanten Entscheidungen innerhalb und außerhalb der Organisation allein zu treffen. Viel sinnvoller ist es daher, Macht ganz bewusst situationsangemessen auf unterschiedliche Personen in der Organisation zu verteilen (Simon, 2003). Denn nur weil jemand eine Führungsposition innehat, muss dies nicht bedeuten, dass diese Person auch in jedem Projekt „den Hut aufhat". Machtverhältnisse sollten demnach situationsorientiert wandelbar sein. Das Konzept des **Lateralen Führens** verweist dabei gerade im Rahmen eines systemisch verstandenen Managements auf eine alternative Methode und beschreibt ein Führungskonzept, in dem Macht- und Weisungszusammenhänge nicht zwangsläufig nur von Führungspositionen ausgehen (Kühl, 2017).

4.3.2 Zum Umgang mit emergenten Prozessen

Es gibt im Rahmen des Organisationsalltages eine Menge emergenter Prozesse, die in ihrer Entstehung und Wirkung nicht steuerbar sind. So werden beispielsweise Handlungsprogramme nicht nur explizit festgelegt und benannt, sondern auf informeller Ebene auch immer wieder gedeutet und beeinflusst. Sie werden also auch durch Alltagsanpassungen oder implizite Verhaltensanforderungen im Rahmen der organisationskulturellen Gewohnheiten geprägt und gelebt werden (Merchel, 2015). Vor dem Hintergrund eines systemischen Verständnisses von Organisationen ist es wichtig sich deutlich zu machen, dass die Ziel- und Handlungsprogramme einer Organisation nicht immer eine eindeutige Kongruenz aufweisen. Denn die Ziele einer Organisation sind oft so abstrakt und idealistisch formuliert, dass es schwierig ist, sie in konkrete Handlungsprogramme für den Organisationsalltag übersetzen. Daher müssen **informelle Anpassungen** von Programmen in ihrer Inkongruenz nicht immer negativ sein. Vielmehr kann es sein, dass informelle Regelungen und Handlungssysteme formale ausgleichen oder kompensieren: „Dazu gehört eine rasche unkomplizierte Verständigung ebenso wie die Erfüllung von Zugehörigkeitsbedürfnissen und der Wunsch nach kollegialer Vertrautheit. In gewissem Umfang kann so gesehen die informale Organisation das Funktionieren der formalen Organisation ermöglichen, indem sie ihre Schwächen kompensiert und sie dort flexibel macht, wo das formale Reglement auf das historisch Vorherbestimmte drängt" (Schreyögg & Geiger, 2016, S. 14).

Denn aus systemtheoretischer Sicht kann „den impliziten Steuerungskräften sogar eine höhere Bedeutung für den Erfolg einer Organisation zuerkannt [werden] als den geplanten Strukturen und Instrumenten, und zwar sowohl in leistungsfördernder als auch leistungsmindernder Hinsicht" (Schreyögg & Geiger, 2016, S. 289). Die Wahrnehmung und Gestaltung aller Einflussgrößen und Steuerungsmechanismen in Organisationen ist daher in einem systemisch verstandenen Konzept von Führung unerlässlich. Treffend formulieren Schreyögg und Geiger dabei die Aufgabe an Führungspersonen:

„Eine Beschäftigung mit den Bedingungsfaktoren organisatorischen Erfolges macht daher auch eine Auseinandersetzung mit diesen impliziten oder informalen Prozessen notwendig. Aus einer steuerungsbezogenen Perspektive stellen emergente Phänomene ein Problem besonderer Art dar. Wie soll mit Erscheinungsformen umgegangen werden, die einerseits für den Leistungsprozess von eminenter Bedeutung sind, andererseits aber jenseits herkömmlicher **Gestaltungslogiken** liegen? Man wird sie aus Organisationssicht wohl kaum nur geschehen lassen wollen. Wie aber können solche Prozesse einer Einflussnahme zugänglich gemacht werden?" (Schreyögg & Geiger, 2016, S. 289)

Um diese Frage systemisch treffend zu beantworten, ist es zunächst wichtig herauszustellen, dass ein systemisch verstandenes Führungskonzept emergente Prozesse und die damit verbundene „informelle Welt" in einer Organisation nicht als Konkurrenz zur „formalen Welt" bewertet. Die Grenzen zwischen beiden Welten sind ohnehin nicht klar zu ziehen. Es ist ratsamer, die **Prozesse der Selbstorganisation anzuerkennen,** wahrzunehmen und gestaltend auf diese einzuwirken. Es geht darum, wie Geschehnisse, die in der Umwelt der Organisation stattfinden, von den Mitarbeitenden unter organisationskulturellen Bedingungen gedeutet, erklärt und bewertet werden (Merchel, 2009). Wichtig ist hierbei ein ausgeprägtes Bewusstsein über formale und informelle Kommunikationswege und Programme. Denn „Kommunikationen sind Entscheidungen im Sinne von etablierten Auswahlmustern, welche Erwartungen in der Organisation mit Handlungen von Mitgliedern dieser Organisation in Verbindung bringen" (Meissner et al., 2014, S. 211). Steuerung ist aus einer solchen Perspektive heraus nie linear zu verstehen. Eine solche Steuerungsidee ist im Sinne der Systemtheorie weder realistisch noch erstrebenswert. Es geht nicht um eine Linearität, die an der Realität vorbeigeht. Es geht aber um eine Fokussierung auf die Entwicklung eines Systems. Aus einer systemtheoretischen Perspektive stellen emergente Prozesse demnach eine besondere Herausforderung dar. Es stellt sich die Frage, wie mit diesen Phänomenen umgegangen werden – wohlwissend, dass sie zum einen von hoher Bedeutung für das Geschehen in Organisationen sind, zum anderen jedoch nicht direkter Steuerung unterliegen.

Aus einer systemtheoretisch begründeten Führungsperspektive heraus ist es daher notwendig, Einfluss auf solche Prozesse zu nehmen. Es geht dabei vor allem darum, die unterschiedlichen Sichtweisen von Menschen in den Austausch zu bringen. Um eine stetige, unumgängliche Weiterentwicklung von sozialen Unternehmen zu ermöglichen, muss man solche Prozesse gut beobachten und

4.3 Funktionsbereiche und Kompetenzen …

steuernd auf sie einwirken. Dabei ist es normal, dass sich verfestigte Denkmuster in jeder Organisation bilden. In Organisationen ist aufgrund der Organisationskultur das Denkgebäude oft ähnlich. Jeder Mitarbeiter/ jede Mitarbeiterin ist systemisch nicht nur in die Organisation eingebunden, sondern hat auch außerhalb (Umwelt-)Einflüsse, die prägend wirken. Das heißt, auch wenn gruppentypische Denkmuster vorherrschen, können individuelle Überlegungen, kreative Ideen und andere Auffassungen parallel dazu existieren. Wie offen diese ausgesprochen werden dürfen, ist durchaus sehr unterschiedlich. Daher ist die **„Verständigung"** als Einflussmechanismus ein wichtiges Instrument. Dies schafft wiederum die Voraussetzungen, um bestmögliche Lösungen zu finden, die nicht nur an die „Fassade" der Organisation geheftet werden, sondern auch in den informellen Ebenen akzeptiert und gelebter Teil der Organisationskultur werden. Eine solche Art von Verständigung reduziert dabei noch Motivations- und Kontrollprobleme des Managements, denn Mitarbeitende fühlen sich beteiligt. Und dies hat zwangsläufig Auswirkungen auf deren Motivations-, Kommunikations- und Handlungssystem. Zudem können drohende Konflikte von Beginn an bearbeitet und genutzt werden (Kühl, 2017).

Ein weiterer wichtiger Punkt ist der Umgang mit Leistungsanforderungen und -erwartungen, die die Führungskraft an Mitarbeitende stellt. Für Führungspersonen ist es in Anerkennung emergenter Prozesse im Rahmen eines selbstreferenziellen Systems zweckmäßig, hierbei die Betrachtungsebenen zu verändern – weg von „konkreten regelgebundenen Handlungen" hin zu einer „Ebene der Verhaltenserwartungen" (Schreyögg & Geiger, 2016, S. 14). Personen mit Führungsverantwortung sollten dabei ihre **konkreten Verhaltenserwartungen** auf informeller Ebene klar kommunizieren. Dies steckt den Rahmen für das Verhalten der Mitarbeitenden. Denn die Kommunikation von Verhaltenserwartungen auf informeller Ebene hat eine andere Funktion als formalisierte Regeln und Verhaltenserwartungen: Verstöße führen nicht gleich zum Ausschluss aus der Organisation, und die Wahrscheinlichkeit, dass eine offene Kommunikation entsteht, erhöht sich. Solche Formen von Verhaltenserwartungen „können und sollen nicht das gesamte organisatorische Handeln vorbestimmen; sie stecken einen verbindlichen Rahmen ab, in dem auch für andere Erwartungen Platz ist. Die informalen Erwartungen stehen dagegen in keinem unmittelbaren Zusammenhang mit der Mitgliedschaft, sie werden aber gleichwohl nur an Mitglieder des formalen Systems gerichtet. Ihre Erfüllung gehorcht einer anderen Systemlogik" (Schreyögg & Geiger, 2016, S. 15).

Interessant sind hierzu die Untersuchungen von Frédéric **Laloux**. Der französische Wirtschaftsphilosoph untersuchte drei Jahre lang 50 Organisationen verschiedenster Branchen und identifizierte dabei 42 unterschiedliche Praktiken und Strukturen der Führung in den Organisationen. Fragen, die ihn bewegten, waren beispielsweise: „Wie werden in dieser Organisation Entscheidung getroffen? Wie fließt die Information? Wie werden Mitarbeiter beurteilt? Wie werden Budgets erstellt, Ziele festgelegt?" (Laloux, 2017, S. 11). Laloux ist nach seinen Untersuchungen der festen Überzeugung, dass die Reaktion von Organisationen auf die zunehmende Komplexität der Welt „nicht im Planen und Kontrollieren (predict and control) besteht, sondern im Wahrnehmen und Ermöglichen (sense and respond)" (Laloux, 2018). Führungskräfte der Zukunft zeichnen sich seiner Meinung nach durch Sensitivität und ein feinfühliges, angemessenes Reaktionsvermögen aus. Strategisch abstrakte Planungen von Unternehmenszielen werden mehr und mehr ersetzt durch flexiblere und anpassungsfähigere Methoden und Techniken des Managements und der Führung. Anders formuliert könnte man zusammenfassend auch sagen, dass eine systemisch orientierte Führung versucht, vorhandene Ressourcen in Organisationen in einen Nutzen für die Organisation zu transformieren. Ein so verstandenes Führungskonzept kann einen gewinnbringenden und fruchtbaren Zugang zu den Potenzialen sowie formalen und informellen Kompetenzen der Mitarbeitenden ermöglichen. Denn: „Nicht die einzige, aber die wichtigste Ressource ist (…) schon heute **Wissen.** Es existiert maßgeblich außerhalb des Unternehmers, kommt am Morgen in den Köpfen der Mitarbeiter in die Firma und geht abends wieder nach Hause. Ob es am nächsten Morgen wiederkommt, ist nicht garantiert" (Malik, 2013, S. 43).

4.3.3 Zur Bedeutung von Vertrauen und Wertschätzung

Flexible und anpassungsfähige Methoden des Führens sind gebunden an eine Kultur des Vertrauens und der Wertschätzung. Daher ist Vertrauen ein entscheidendes Element im Kommunikationssystem einer Organisation. Eine wesentliche **Funktion von Vertrauen ist die Komplexitätsreduktion.** Nur durch Vertrauen können wir die Komplexität der Umwelt überhaupt bewältigen: „Der Mensch hat zwar in vielen Situationen die Wahl, ob er vertraut oder nicht. Ohne jegliches Vertrauen aber könnte er morgens sein Bett nicht verlassen. (…) Zutrauen in jenem fundierenden Sinne ist für das tägliche Leben Komponente seines Horizonts, Wesensmerkmal der Welt, aber nicht intendiertes Erlebnisthema" (Luhmann, 2014, S. 1). Vertrauen entsteht in der Interaktion von Menschen und sozialen Systemen und durch entsprechende Handlungssysteme. Dabei ist Vertrauen immer eine Vorschussleistung und muss zu Beginn von mindestens einer Seite gegeben werden.

4.3 Funktionsbereiche und Kompetenzen ...

Dabei gibt es einen engen **Zusammenhang von Vertrauen und Kontrolle:**

„Führungskräfte, denen Vertrauen ein Fremdwort ist, erkennt man daran, dass sie alles und jeden kontrollieren. Sie zweifeln grundsätzlich an Informationen und vergewissern sich lieber selbst, bevor sie eine Entscheidung treffen. Dies wird sogar als positive Eigenschaft beschrieben, obwohl es an mangelndem Vertrauen oder schlechter vorhergehender Erklärung liegt. Wenn ich meinem Vorgesetzten berichte und er sich ständig selbst ein Bild davon machen muss, untergräbt er meine Autorität. Ich werde nicht das Gefühl haben, selbstständig zu arbeiten – im Gegenteil – ich werde an meinen eigenen Fähigkeiten zweifeln und beim nächsten Mal noch verunsicherter handeln" (Hennerfeind et al., 2020, S. 18–19).

Vertrauen ist daher vor allem an eine Organisationskultur gebunden, die durch Respekt und Wertschätzung geprägt ist (Luhmann, 2014). Wie wenig vertrauensvoll, wertschätzend und respektvoll es in deutschen (Sozial-)Unternehmen zugeht, zeigen dabei regelmäßige Untersuchungen. So sind in Deutschland ca. 70 % der Beschäftigten emotional nur sehr gering an ihren Arbeitgeber gebunden. Viele von ihnen machen Dienst nach Vorschrift oder haben innerlich schon ganz gekündigt. Andersherum beträgt der Anteil der Beschäftigten in Deutschland, die eine deutliche emotionale Bindung an ihr Unternehmen spüren, gerade mal 15 % (Gallup, 2018). Diese Ergebnisse verwundern nicht: Menschen, die als soziale Systeme in sozialen Systemen agieren, benötigen eine Anerkennung ihrer Umwelt, um sich in ihrer Selbstreferenzialität bestätigt zu fühlen und eine Bindung zum Unternehmen aufbauen zu können. Es ist ein **Grundbedürfnis** von Menschen, dass sie respektiert und wertgeschätzt werden. Neben dem Bedürfnis nach 1) Bindung, 2) Kontrolle und Selbstbestimmung sowie dem 3) Bedürfnis nach Lustempfinden ist das 4) Bedürfnis nach Respekt und (Selbst-)Wertschätzung eines der vier menschlichen Grundbedürfnisse (Grawe, 2016). Diese Auflistung der Grundbedürfnisse zeigt, wie wichtig eine respektvolle Organisationskultur ist. Und diese stellt sich eben nur her, wenn respektvoll kommuniziert wird. Respekt umrahmt alle Aspekte der Grundbedürfnisse. Denn eine respektvolle Wertschätzung ist eine Haltung, die sich dadurch erkennen lässt, dass die positiven Aspekte von Mitarbeitenden und der Umwelt gesehen werden und in der Kommunikation auch zum Ausdruck gebracht werden (Otterbach & Wenig, 2017). Dabei bedeutet eine respektvolle Wertschätzung konkret:

„Ich spreche einem anderen seinen Wert zu. Ich vergleiche seinen Wert nicht mit dem eines anderen. Ich achte vielmehr seinen einmaligen Wert. Er ist ein wertvoller Mensch. Sein Wert besteht in seiner Einmaligkeit. (…) Wertschätzung ist etwas anderes, als den Menschen zu bewerten. Wir sind immer schnell bereit, den anderen zu bewerten, wir fällen ein Werturteil über ihn. Wir beurteilen, ob er mehr oder weniger wertvoll ist. Doch dieses Werturteil steht uns nicht zu. Wertschätzen ist kein Beurteilen, sondern der Ausdruck, dass ich in jedem Menschen eine unantastbare Würde erkenne" (Grün, 2017, S. 55).

Fühlen sich Menschen in einem Unternehmen respektiert und wertgeschätzt, ist die (emotionale) Bindung an das Unternehmen umso höher. Zudem ist die Leistungsbereitschaft höher und der Krankenstand niedriger (Otterbach & Wenig, 2017).

Führungskräfte haben demnach einen entscheidenden Einfluss auf eine **vertrauensvolle und wertschätzende Kultur** in der eigenen Organisation. Hierauf verweisen eine Vielzahl empirischer Untersuchungen. So ist die **(emotionale) Bindung an ein Unternehmen** zu großen Teilen von der Kommunikation und dem Führungsverhalten der/des direkten Vorgesetzen abhängig. Untersuchungen (Gallup, 2018; Otterbach & Wenig, 2017; Gevity Institut, 2007) zeigen immer wieder, dass es vielen Mitarbeitenden besonders an Anerkennung und Wertschätzung mangelt, und dass ihnen eine wertschätzende und vertrauensvolle Organisationskultur fehlt. Neben volkswirtschaftlichen Kosten, die dadurch entstehen, lassen sich vor allem gesundheitliche Folgen erkennen. Denn fehlender Respekt, unharmonisches Miteinander und ausbleibende Anerkennung haben nachweislich Auswirkungen auf die Stressregulation und das Kreislaufsystem (Gallup, 2018).

Diese Erkenntnisse decken sich mit den Ergebnissen einer Studie der Cornell-Universität, die in Zusammenarbeit mit dem Grevity-Institut in den Vereinigten Staaten durchgeführt wurde. Es wurden insgesamt 300 Unternehmen hinsichtlich folgender Fragestellung untersucht: 1) Wie beeinflusst der Führungsstil das Klima im Unternehmen. 2) Nach welchen Merkmalen werden neue Mitarbeitende eingestellt? 3) Und was tun Unternehmen konkret hinsichtlich Mitarbeiterbindung? Die Ergebnisse zeigen, dass eine Mitarbeiterbindung und -zufriedenheit erzeugt wird, wenn nicht nur über Geld, sondern vor allem durch ein **familienähnliches Unternehmensklima** motiviert wird. Wenn sich Menschen respektiert, wertgeschätzt und anerkannt fühlen, ist zudem die Fluktuation niedriger und die Leistungsbereitschaft höher. Dies ist auch der Fall, wenn Menschen nicht ausschließlich nach formalen Abschlüssen bewertet und eingesetzt werden, sondern wenn auch nonformale und informelle Kompetenzen berücksichtigt werden. Zudem schlägt sich eine geringere Kontrolle und mehr Freiraum in der Arbeit maßgeblich auf die Zufriedenheit nieder und fördert eigenverantwortliches und selbstständiges Handeln (Gevity Institut, 2007).

Ältere Untersuchungen zeigen weiterhin, dass es einen kausalen Zusammenhang zwischen dem **Menschenbild der Führungskraft und ihrem Führungs-**

stil gibt (McGregor, 1960). Es zeigt sich, dass Führungskräfte damit vor allem die Art und Weise beeinflussen können, wie in Unternehmen gearbeitet wird. Treffend fassen Schreyögg und Geiger die Erkenntnisse aus dieser Untersuchung zusammen: „Jemand, der seine höherrangigen Bedürfnisse nicht befriedigen kann (…), ist in gewissem Sinne genauso ausgehungert wie jemand, der nichts zu essen hat. Und dieses Ausgehungertsein, diese ‚Deprivation', hat Konsequenzen, sie zeigt sich in Passivität, in der Weigerung, Verantwortung zu übernehmen usw. Es sind Symptome einer fortwährenden Enttäuschung, die sich in der Vergeudung menschlicher Kräfte und Potenziale und damit letztendlich in organisatorischer Ineffizienz niederschlagen." Die Ursache und gleichzeitig den Ansatzpunkt zur Verbesserung sehen die Forschenden im „Menschenbild der Entscheidungsträger einer Organisation. Er leitet daraus die Notwendigkeit ab, dieses durch ein anderes, dem Entwicklungsstreben des Menschen mehr entsprechendes zu ersetzen" (Schreyögg & Geiger, 2016, S. 133–134).

Eine solche ressourcenorientierte Sichtweise und die damit verbundenen Eigenschaften von Respekt und Wertschätzung bedeuten in diesem Zusammenhang, „dass alle Beschäftigten (…) in ihren besonderen Stärken erkannt, geschätzt und entsprechend eingesetzt werden" (Langhoff, 2009). Dies ist jedoch nicht per Anordnung festzulegen, sondern muss im Alltag gelebt werden. Eine **Herstellung von Vertrauen** gelingt daher vor allem „durch Transparenz, durch ehrliches Miteinander, durch Dialoge, die bis in die Gefühlswelt führen. Reine Sachlichkeit kann kein Vertrauen aufbauen. Wenn ich von meinem Gegenüber weiß, wie er sich in meiner Gegenwart fühlt, kann ich dementsprechend reagieren" (Hennerfeind et al., 2020, S. 18).

4.3.4 Zur Bedeutung von (Selbst-)Reflexion und Ambiguitätstoleranz

Führung bedeutet in Anerkennung systemtheoretischer Grunderkenntnisse, dass Organisationen selbstreferenzielle Systeme sind, die nur begrenzt planvoll gesteuert werden können. Schreyögg und Geiger drücken es treffend aus, wenn sie schreiben: „Extrem formuliert, gerät das Management aus dieser Perspektive in eine paradoxe Situation, eine seiner klassischen Basisfunktionen, nämlich die Bewirkung neuer Systemlösungen, wird zu einer von ihm letztlich nicht bewältigbaren Aufgabe erklärt" (Schreyögg & Geiger, 2016, S. 388). Diese „steuerungsskeptische" Haltung (Grunwald, 2018) bedeutet aber nicht, dass Organisationen gar nicht zu managen sind. Führungskräfte benötigen jedoch ein hohes Maß an (Selbst-)Reflexionskompetenz und an Ambiguitätstoleranz.

Selbstreflexion ist in einem systemisch verstandenen Führungskonzept eine der wichtigsten Komponenten, die Führungskräfte beherzigen sollten. Hierbei geht es speziell darum, über das eigene Führungsverhalten selbstbeobachtend wahrzunehmen und nachzudenken. Reflexion bedeutet in diesem Zusammenhang, „sich regelmäßig zu fragen, ob man noch auf dem richtigen Weg ist. Ob die Selbsteinschätzung noch mit den Tatsachen übereinstimmt. Ob die Ziele und die Werte noch dieselben sind. Ob die Methoden noch wirksam sind. Das Schwierigste daran ist wahrscheinlich, die Zeit dafür zu finden, da man als Führungskraft ständig abgelenkt wird. Einen ruhigen Platz zu finden, wo es möglich ist, sich zu konzentrieren. Am besten natürlich, ohne großen Aufwand zu betreiben" (Hennerfeind et al., 2020, S. 37–38). Hierbei empfiehlt es sich immer, die eigenen Einschätzungen und Bewertungen durch Fremdwahrnehmung zu vervollständigen. Nur damit ist es möglich, dass nicht bekannte Anteile der Persönlichkeit und des eigenen Verhaltens bewusst und damit regulierbar werden. In einem systemischen Bewusstsein liegt der Fokus darauf, „grundlegende Aspekte des psychischen Systems" zu betrachten. Im Konkreten meint dies, „die psychischen Prozesse, Funktionen und Kräfte, die Person und Unterschiedlichkeit der Personen, die Entwicklung der Person, die menschliche Interaktion sowie die Beziehungen zwischen körperlichen und psychischen Vorgängen" immer wieder in den Blick zu nehmen (Hug & Spisak, 1999, S. 125).

Letztlich geht es in der Rolle als Führungskraft auch immer darum, sich identitär in dieser Rolle einzuleben. Es bedeutet, dass „Personen, die neu in eine oder in eine neue Führungsposition kommen, jeweils erst ihre **Identität als Führungskraft** ausbilden müssen". Fragen, die damit verbunden sind, beziehen sich vor allem auf das Selbstverständnis und die eigenen Werte und Normen in dieser Rolle: „Wie verstehe ich mich als Führungskraft? Was ist mir wichtig? Kann und darf ich andere formen?" Entscheidend ist nun, dass diese Identitäts- und Rollenentwicklung als Führungskraft nicht isoliert geschieht, denn eine Führungskraft kann die eigene Rolle und Funktion niemals als „allein für sich zu leistende Aufgabe" verstehen. Es „kann nur in der Interaktion mit den Geführten geschehen. Umgekehrt bedeutet dies einen korrespondierenden Prozess aufseiten der Mitarbeitenden, auch sie müssen eine Identität als Geführte ausbilden. Ähnliches, wenn auch im abgeschwächten Maße, ergibt sich immer wieder bei Übernahme einer neuen Führungsposition in einer anderen Abteilung oder einer höheren hierarchischen Ebene" (Schreyögg & Koch, 2020, S. 567).

Zur Reflexion gehört es selbstverständlich auch, sich die Wirkungsbereiche der Führungseinflüsse stetig bewusst zu machen und zu hinterfragen. Neben Reflexionsprozessen zur eigenen Person und dem eigenen Führungsverhalten müssen daher Reflexionsprozesse zu organisationalen Vorgängen angestoßen werden. Im Rahmen

4.3 Funktionsbereiche und Kompetenzen …

dieser bewusst angestoßenen **Reflexionsprozesse** müssen sowohl die inneren Vorgänge als auch die Wirkungen der äußeren Einflüsse in einer sozialen Organisation verarbeitet werden (Merchel, 2009). Grundlage für konstruktive Reflexionsprozesse sind dabei

> „brauchbare Selbst- und Umweltbeobachtungen mit dem Ziel, eine Repräsentanz, eine Art Bewusstsein der Umwelt und des eigenen Selbst zu schaffen. Reflexive Kommunikationsstrukturen, also das Sammeln und Austauschen unterschiedlicher Perspektiven, liefern dabei die Grundlage für ein differenziertes Selbstbild und auch für die Wahrnehmung relevanter Umweltveränderungen. Darüber hinaus leisten sie einen wesentlichen Beitrag dazu, rechtzeitig zu erkennen, wenn sich dem System eine Chance eröffnet, veränderte Umweltbedingungen zur eigenen Entwicklung zu nutzen" (Bauer, 2013, S. 112–113).

Daher bedarf es im besten Falle einer kontinuierlichen Begleitung von außen, die helfen kann, blinde Flecken wahrzunehmen (beispielsweise in Form von Supervisionen).

Eine weitere wichtige Fähigkeit, die Führungskräfte brauchen, ist das Aushalten von Mehrdeutigkeiten und die Fähigkeit, eine Distanz zur eigenen Rolle in der Situation einzunehmen. Denn in einem systemisch reflektierten Management sind Ambivalenzen, **Widersprüchlichkeiten und Paradoxien als normal** und daher erwartbar anzunehmen (Simon F. B., 2011). Es ist normal, dass eine Menge „Widersprüche, Antagonismen, Unklarheiten, Vieldeutigkeit und Oszillationen" vorherrschen. Das fordert vor allem von Führungskräften, „immer wieder neu zu entscheiden, obwohl es keine sicheren Kriterien für die ‚Richtigkeit' der Entscheidungen gibt; das gilt für Entscheidungen über Beschreibungen von Phänomenen ebenso wie für Entscheidungen über ihre Erklärungen und Bewertung und schließlich auch und vor allem für die daraus abzuleitenden Handlungskonsequenzen" (Simon F. B., 2011, S. 116). Führungskräfte müssen daher die Fähigkeit entwickeln, mit diesen häufig auch widersprüchlichen Anforderungen umzugehen. In der Soziologie wird diese Fähigkeit mit dem Stichwort Ambiguitätstoleranz beschrieben.

Ambiguitätstoleranz beschreibt nach Habermas (1968) die grundlegende Fähigkeit, Mehrdeutigkeiten von Rollen und Situationen auszuhalten. Dies ist nicht zuletzt eine wichtige Eigenschaft, weil Führungskräfte mit einer Menge ambivalenter und häufig konkurrierender Erwartungen konfrontiert werden. Hierdurch können nicht selten Missverständnisse, Konflikte und (falsche) Erwartungen auftreten, auf die eine Führungskraft irgendwie reagieren muss (Krappmann, 1969). Es ist die Annahme und Akzeptanz dieser Widersprüchlichkeiten, die es braucht, um als Führungskraft die eigene Rolle und Identität nicht immer wieder in Frage zu stellen und soziale Realitäten, Konflikte und Paradoxien doch anzunehmen – und natürlich auf sie zu reagieren. Wenngleich sicher ist, dass unstrukturierte, ungewisse und widersprüchliche Situationen in Organisationen immer wieder auftreten werden. Und diese Widersprüchlichkeiten gilt es für Führungskräfte nicht nur außerhalb, sondern auch innerhalb der eigenen Person und Rolle anzunehmen, da auch innerhalb der eigenen Gedanken- und Gefühlswelt Widersprüche und Konflikte auftreten können. Diese gilt es ebenfalls reflexiv wahrzunehmen. Man muss „aushalten können, dass Rollen zweideutig (lat. ambiguus) sind und Motivationsstrukturen einander widerstreben, weshalb auch nicht alle Bedürfnisse in einer Situation befriedigt werden können" (Abels & König, 2016, S. 134).

Systemische Führungskompetenz benötigt daher ein hohes Maß an **Achtsamkeit**. Denn nur diese gewährleistet die Sicherheit, dass die Komplexität von Situationen und sozialen Systemen (zu gewissen Anteilen) begreifbar gemacht werden kann. Nur eine achtsame Führungskraft wird erkennen, wenn Mitarbeitende unter- oder überfordert sind, in welchem Grad Motivation vorhanden ist, und wann motivierend Einfluss genommen werden muss, wann Frust und Leistungsabfälle drohen oder Wechselpläne bei Mitarbeitenden vorhanden sind. Nur eine achtsame Führungskraft wird wahrnehmen können, wo die Kompetenzen der einzelnen Mitarbeitenden liegen und wie diese noch genutzt werden könnten. Nur durch Achtsamkeit ist gewährleistet, dass die Gesprächspartner im Moment der Informationsweitergabe aufnahmefähig sind (Dobler, Führungskompetenz beginnt mit Führungskommunikation, 2011). Nur wenn Führungskräfte achtsam für das organisationale System und dessen Dynamiken ist, kann es auch beeinflussen. Und auch nur durch Achtsamkeit wird eine Führungskraft die *eigene* Unter- oder Überforderung, Motivation und Demotivation, Frust und Leistungsabfälle reflexiv erkennen können. Führungskräfte sollten sich immer wieder bewusst machen, dass ihre eigene Wahrnehmung unvollständig und stets subjektiv konstruiert ist. Es ist dabei vor allem die Arbeit am Menschenbild, die Führungskräfte immer wieder leisten sollten: „Umso wichtiger ist es, dass Führungskräfte, die das Verhalten und die Erfahrung von Menschen steuern und prägen, sich ihrer eigenen subjektiv geprägten Vorstellungen über den Menschen bewusster werden" (Hug, 1999, S. 25).

Literatur

Abels, H., & König, A. (2016). *Sozialisation. Studientexte zur Soziologie*. Springer.
Bauer, G. (2013). *Einführung in das systemische Sozialmanagement*. Carl Auer.
Böttcher, W., & Merchel, J. (2010). *Einführung in das Bildungs- und Sozialmanagement*. Budrich.

Literatur

Dahme, H.-J., & Wohlfahrt, N. (2018). Die kommunale Ebene der Sozialpolitik. In K. Grunwald & A. Langer (Hrsg.), *Sozialwirtschaft. Handbuch für Wissenschaft und Praxis* (S. 145–158). Nomos.
Deller, U., & Brake, R. (2014). *Soziale Arbeit.* Budrich.
Dobler, M. (2011). *Führungskompetenz beginnt mit Führungskommunikation.* KaDo.
Dörner, D. (2006). *Die Logik des Misslingens. Strategisches Denken in komplexen Situationen* (5. Aufl.). Rowolth.
Feess, E. (2018a). *Konstruktivismus.* Von Springer Gabler: https://wirtschaftslexikon.gabler. de/definition/konstruktivismus-37530/version-260964. Zugegriffen: 19. Febr. 2018.
Feess, E. (2018b). *Kybernetik – Definition.* Von Gabler Wirtschaftslexikon: https://wirtschaftslexikon.gabler.de/definition/kybernetik-41182/version-264552. Zugegriffen: 30. Aug. 2018.
Gallup. (2018). *Engagement Index Deutschland.* Von http://www.gallup.de/183104/engagement-index-deutschland.aspx. Zugegriffen: 30. Juni 2018.
Gesmann, S., & Merchel, J. (2019). *Systemisches Management in Organisationen der Sozialen Arbeit. Handbuch für Studium und Praxis.* Carl Auer.
Gevity Institut. (2007). Research report on phase 5 of Cornell University/Gevity Institute Study: Human resource management practices and firm performance in small businesses: A look at differences across industries. In J. Strelecky (Hrsg.), *The big five for life.* https://digitalcommons.ilr.cornell.edu/cahrswp/465/.
Grawe, K. (2016). *Klaus-Grawe-Institut.* Von Unsere Grundbedürfnisse: https://www.klaus-grawe-institut.ch/blog/1205/. Zugegriffen: 3. Apr. 2017.
Grunwald, K. (2018). Management sozialwirtschaftlicher Organisationen zwischen Steuerungsskepsis, Dilemmatamanagement und Postheroischer Führung. In K. Grunwald & A. Langer (Hrsg.), *Sozialwirtschaft. Handbuch für Wissenschaft und Politik* (S. 371–390). Nomos.
Grün, A. (2017). *Wertschätzung. Eine inspirierende Kraft gegenseitiger Achtung.* Herder.
Habermas, J. (1968). *Stichworte zu einer Theorie der Sozialisation.* Suhrkamp.
Haric, P. (2019). *Management – Definition.* Von Gabler Wirtschaftslexikon: https://wirtschaftslexikon.gabler.de/definition/management-37609/version-261043. Zugegriffen: 30. Aug. 2019.
Hennerfeind, P., Hennerfeind, B., & Swoboda, R. (2020). *Soziale Aspekte der Führung. Selbstführung – Fremdführung – Horizontale Beziehungen.* Springer Gabler.
Hug, B. (1999). Menschenbilder. In T. Steiger & E. Lippmann (Hrsg.), *Handbuch angewandte Psychologie für Führungskräfte* (Bd. I, S. 9–25). Springer.
Hug, B., & Spisak, M. (1999). Psychologische Grundlagen für Führungskräfte. In T. Steiger & E. Lippmann (Hrsg.), *Handbuch angewandte Psychologie für Führungskräfte* (Bd. I, S. 77–130). Springer.
Kühl, S. (2011). *Organisationen. Eine sehr kurze Einführung.* Springer VS.
Kühl, S. (2016). *Strategien entwickeln. Eine organisationstheoretische informierte Handreichung.* Springer VS.
Kühl, S. (2017). *Laterales Führen. Eine kurze organisationstheoretisch informierte Handreichung.* Springer VS.
Kühl, S. (2018). *Organisationskulturen beeinflussen.* Springer.
Kolhoff, L. (2018). Personalmanagement und -führung. In K. Grunwald & A. Langer (Hrsg.), *Sozialwirtschaft. Handbuch für Wissenschaft und Praxis* (S. 452–473). Nomos.

Krappmann, L. (1969). *Soziologische Dimensionen der Identität. Strukturelle Bedingungen für die Teilnahme an Interaktionsprozessen*. Klett.
Laloux, F. (2017). *Reventing Organizations. Ein illustrierter Leitfaden sinnstiftender Formen der Zusammenarbeit*. Vahlen.
Laloux, F. (2018). *Interview: „Sense and Respond"*. Von Egon Zehnder: https://www.egonzehnder.com/de/interview-mit-frederic-laloux. Zugegriffen: 18. Mai 2018.
Lambers, H. (2017). Ein systemtheoretisch reflektiertes Managementmodell für die Soziale Arbeit und die Sozialwirtschaft. In A. Wöhle & A. P. Fritze (Hrsg.), *Sozialmanagement- Eine Zwischenbilanz* (S. 141–153). Springer VS.
Luhmann, N. (2000). *Organisation und Entscheidung*. WDV.
Luhmann, N. (2014). *Vertrauen*. UVK UTB.
Malik, F. (2013). *Management. Das A und O des Handwerks*. Campus.
Mayntz, R. (2008). Von der Steuerungstheorie zu Global Governance. In G. Schuppert & M. Zürn (Hrsg.), *Governance in einer sich wandelnden Welt* (S. 43–60). VS Verlag.
McGregor, D. (1960). *The human side of enterprise*. Wiley.
Meissner, J., Gentinle, G., & Tuckermann, H. (2014). Kommunikation: Eine Hinführung zum Kommunikationsverständnis der neuen Systemtheorie. In R. Wimmer, J. Meissner, & P. Wolf (Hrsg.), *Praktische Organisationswissenschaft. Lehrbuch für Studium und Beruf* (S. 192–2016). Carl Auer.
Merchel, J. (2005). *Organisationsgestaltung in der Sozialen Arbeit: Grundlagen und Konzepte zur Reflexion*. Juventa.
Merchel, J. (2009). *Sozialmanagement*. Juventa.
Merchel, J. (2015). *Management in Organisationen der Sozialen Arbeit. Eine Einführung*. Beltz Juventa.
Merchel, J. (2018). Planen und Steuern. In G. Graßhoff, A. Renker, & W. Schroer (Hrsg.), *Soziale Arbeit. Eine elementare Einführung* (S. 573–588). Springer VS.
Miller, T. (2005). Die Störungsanfälligkeit organisierter Netzwerke und die Frage nach Netzwerkmanagement und Netzwerksteuerung. In U. Otto & P. Bauer (Hrsg.), *Mit Netzwerken professionell zusammenarbeiten: Band II: Institutionelle Netzwerke in Steuerungs- und Kooperationsperspektive* (S. 105–126). dgvt.
Näf, H. (1999). Die Auswahl von Mitarbeitern und Mitarbeiterinnen. In T. Steiger & E. Lippmann (Hrsg.), *Handbuch angewandte Psychologie für Führungskräfte* (Bd. II, S. 39–76). Springer.
Nerdinger, F. W. (2003). *Grundlagen des Verhaltens in Organisationen*. Kohlhammer.
Otterbach, A., & Wenig, C. (2017). *Führung durch Wertschätzung*. UVK.
Pressmann, J., & Wildavsky, A. (1973). *Implementation; How great expectations in Washington are dashed in Oakland; or, why it's amazing that federal programs works it all*. University of California Press.
Rosenstiel, L. (2003). *Grundlagen der Organisationspsychologie*. Schäffer-Poeschel.
Schönig, W., Hoyer, T., & Potratz, A. (2018). *Lehrbuch Ökonomie in der Sozialen Arbeit*. Beltz Juventa.
Schreyögg, G., & Geiger, D. (2016). *Organisation. Grundlagen moderner Organisationsgestaltung. Mit Fallstudien*. Springer.
Schreyögg, G., & Koch, J. (2020). *Management. Grundlagen der Unternehmensführung*. Springer Gabler.
Simon, H. A. (1957). *Administrative behavoir*. The Free Press.

Simon, F. B. (2003). *Systemisches Management: Wenn Führung stört*. Weber and Friends GmbH.
Simon, F. B. (2011a). *Einführung in die Systemtheorie und Konstruktivimus*. Carl-Auer.
Simon, F. B. (2011b). *Einführung in die systemische Organisationstheorie*. Carl Auer.
Spieß, E., & Rosenstiel, L. (2010). *Organisationspsychologie*. Oldenburg.
Steiger, T. (1999). Das Rollenkonzept der Führung. In T. Steiger & E. Lippmann (Hrsg.), *Handbuch angewandte Psychologie für Führungskräfte* (Bd. I, S. 43–76). Springer.
Ulrich, H. (1972). Das St.Galler Management-Modell. In H. Ulrich (Hrsg.), *Gesammelte Schriften* (Bd. 2, S. 13). Haupt.
Vaudt, S. (2018). Sozialmarketing. In K. Grunwald & A. Langer (Hrsg.), *Sozialwirtschaft. Handbuch für Wissenschaft und Praxis* (S. 578–591). Nomos.
Wöhrle, A. (2012). *Zur Definition von Sozialmanagement und Managament in der Sozialwirtschaft*. von Bundesarbeitsgemeinschaft Sozialmanagement/Sozialwirtschaft: http://www.bag-sozialmanagement.de/fileadmin/docs/Woehrle_Sozialmanagement.pdf. Zugegriffen: 4. Aug. 2014.
Wimmer, R., & Schumacher, T. (2014). Führung und Organisation. In R. Wimmer, J. O. Meissner, & P. Wolf (Hrsg.), *Praktische Organisationswissenschaft. Lehrbuch für Studium und Beruf* (S. 217–240). Carl Auer.

Literatur zur Vertiefung

Gesmann, S., & Merchel, J. (2019). *Systemisches Management in Organisationen der Sozialen Arbeit. Handbuch für Studium und Praxis*. Carl Auer.
Luhmann, N. (2000). *Organisation und Entscheidung*. WDV.
Malik, F. (2013). *Management. Das A und O des Handwerks*. Campus.
Merchel, J. (2018). Planen und Steuern. In G. Graßhoff, A. Renker, & W. Schroer (Hrsg.), *Soziale Arbeit. Eine elementare Einführung* (S. 573–588). Springer VS.
Schreyögg, G., & Koch, J. (2020). *Management. Grundlagen der Unternehmensführung*. Springer Gabler.
Wimmer, R., & Schumacher, T. (2014). Führung und Organisation. In R. Wimmer, J. O. Meissner, & P. Wolf (Hrsg.), *Praktische Organisationswissenschaft. Lehrbuch für Studium und Beruf* (S. 217–240). Carl Auer.

Entwicklung sozialer Organisationen aus systemtheoretischer Sicht

5

▶ **Lernziel** Lernziel dieses Kapitels ist es, die Differenzierungen und Dynamiken organisationaler Wandlungsprozesse zu verstehen. Zudem geht es darum, Ihnen anschaulich die Spielfelder und Dimensionen als analytische Grundlage nahezulegen, um sie so reflexiv anwenden zu können. Zudem soll Ihnen verständlich aufgezeigt werden, wie Organisationskulturen gestaltet und beeinflusst werden können.

5.1 Zur Differenzierung von organisationalen Wandlungsprozessen

Ein Blick in die Praxis der Sozialen Arbeit zeigt, dass soziale Organisationen dauerhaft etabliert sind, wenn sie flexibel auf die Veränderungen in ihrer Umwelt reagieren. Veränderungen von außen können in der Sozialen Arbeit beispielsweise durch Gesetzesänderungen (zum Beispiel Veränderungen in den Sozialgesetzbüchern), neue Forschungserkenntnisse, pädagogische Programme bzw. fachliche Anforderung (zum Beispiel die Umsetzung von Inklusion), gesellschaftliche Umbruchssituationen (zum Beispiel die Flüchtlingskrise) entstehen. Viele Theorien gehen heute davon aus, dass stetige Lernprozesse ein dauerhaftes Unterfangen in sozialen Organisationen sind. Dabei gibt es einige Autoren, die die Gestaltung von Veränderungsprozessen bzw. die Begleitung von organisationalen Entwicklungsprozessen dabei sogar für die wichtigste Managementaufgabe halten, die sich bei der Führung und dem Management in den Organisationen der Sozialen Arbeit ergibt (Bauer, 2013; Wöhrle, 2019). Denn, wie im ersten

Kapitel aufgezeigt, hat sich das Management in der Sozialwirtschaft mit sozialpolitischen Umbrüchen erst herausgebildet. Es ist seither nicht zum Stillstand gekommen, womit das „Management des Wandelns (…) ein Kennzeichen für das (…) Management in der Sozialwirtschaft ist" (Wöhrle, 2019, S. 206). Dieser Einsicht folgend muss man anerkennen, dass Wandlungsprozesse im Großen und Ganzen zum Organisationsalltag gehören. Allerdings fehlt diesen Prozessen oft ein klar definiertes Zeitfenster (Kühl, 2018). „Unter den Herausforderungen eines Umbruchs der Systeme müssen Verbindungen zu unterschiedlichen und neu entstehenden Logiken hergestellt und die Entwicklungsprozesse in ihren Auswirkungen auf die eigenen Organisationen beobachtet werden und gleichzeitig muss das Alltagsgeschäft, wiederum nach unterschiedlichen Logiken, da sich die Bezugssysteme unterschiedlich intensiv im Umwälzungsprozess befinden, bewältigt werden" (Wöhrle, 2019, S. 206). Die „große Kunst" des Managements in der Sozialwirtschaft ist es, etwas Neues zu kreieren und den Alltag in der Organisation dennoch zu gewährleisten.

„Der Begriff der ‚**Organisationsentwicklung**' bezeichnet ursprünglich eine spezifische Form des geplanten Wandels von Organisationen, die vor allem dadurch gekennzeichnet ist, dass sie sich auf sozialwissenschaftliche und sozialphilosophische Grundlagen stützt. Organisationsentwicklung in diesem Sinn meint einen geplanten, längerfristigen Wandel, dessen Bezugspunkt auf der Ebene der gesamten Organisation liegt. Dieser Veränderungsprozess hat nicht nur eine Steigerung der Produktivität der Organisation zum Ziel, sondern auch eine Verbesserung ihrer Problemlösekapazität sowie der Lebensqualität ihrer Mitglieder" (Grunwald, 2018a, S. 334). Parallel zum Begriff der Organisationsentwicklung wird seit den 1990er-Jahren häufig der Begriff des „Veränderungsmanagements", insbesondere aber der des **„Change Managements",** als Oberbegriff für „die Weiterentwicklung der sozialwissenschaftlichen Organisationsentwicklung" sowie der „Weiterführung von systemischen Ansätzen zur Gestaltung von organisationalen Wandels" (Grunwald, 2018a, S. 336) verwendet. In Wissenschaft und Praxis werden die Begriffe in der Regel inhaltlich und konzeptionell nicht sauber getrennt. Je nach Autorenschaft werden mit den Ansätzen unterschiedliche Methoden und Konzepte beschrieben. Einen guten Überblick zu den ‚herausragendsten' Ansätzen bieten Schreyögg und Geiger (2016). Zusammenfassend lässt sich festhalten, dass alle Ansätze Methoden bzw. Phasenmodelle beschreiben, wie im Rahmen von längerfristig angelegten Projekten gezielt konkrete Wandlungsprozesse herbeigeführt werden können (Schreyögg & Geiger, 2016).

Will man einen organisationalen Wandel aus systemischer Sicht beschreiben, muss man mindestens zwei Prozessebenen differenzieren: Es gilt zu unterscheiden zwischen „nicht beabsichtigten, zufälligen Veränderungen und Entwicklungen" und zwischen „geplantem organisationalem Wandel, der bewusst gestaltet werden muss" (Grunwald, 2018a, S. 333). Ersteres beschreibt man in der Literatur häufig mit Wandlungsprozessen erster Ordnung, letzteres mit Wandlungsprozessen zweiter und dritter Ordnung.

5.1.1 Wandlungsprozesse erster Ordnung

Wandlungsprozesse erster Ordnung können als „evolutionäre Entwicklung der Organisation" verstanden werden und die darin stattfinden Lernprozesse sind als „Mechanismus **kontinuierlicher, ungeplanter Selbstveränderung**" (von Reith & Wimmer, 2014, S. 146) zu begreifen. Wandlungsprozesse erster Ordnung sind demzufolge ein Phänomen im Alltag einer jeden sozialen Organisation. Sie werden in der Regel nicht systematisch geplant, vollziehen sich selten bewusst bzw. intendiert und tragen dennoch zur Gestaltung und Entwicklung der Organisation bei. „Faktisch stellt sich die Systemsteuerung als ununterbrochene Folge von Problemen und Problemlösungen dar. Mit der Erledigung eines Wandelproblems ist die Frage der Systemveränderung niemals für längere Zeit schlicht erledigt, vielmehr gilt es, die ermergenten Dynamiken zu kanalisieren und zu lenken" (Schreyögg & Geiger, 2016, S. 391).

Diese informelle Wirkung und Entwicklung wurde in den letzten Jahren in der Professionalisierungsentwicklung der Sozialen Arbeit und in der Sozialwirtschaft häufig unterschätzt. Hierauf weist Langer explizit hin: „Weniger bedacht wurde (…) bislang die 1) stabilisierende bzw. integrierende Funktion professioneller Expertise, also des gemeinsam geteilten Wissens, Könnens und Haltung 2) die Wirkung von formaler oder informeller Selbstorganisation oder auch 3) die steuernd-gestaltende Wirkung der Professionalität innerhalb der Sozialwirtschaft (…)" (Langer, 2018, S. 841). Denn „gerade in hochkomplexen Situationen sind es die Professionellen, die Organisationsstrukturen selbst generieren und **informelle Selbstorganisationsstrukturen** oder Ad-hoc-Organisation herbeiführen und funktional aufrechterhalten" (S. 854).

Langer leitet schlüssig ab, dass man die Entwicklung und den Stand der professionellen Expertise in einer Organisation aus diesen Wandlungsprozessen gut beobachten und im besten Fall empirisch überprüfen muss. Denn „die feldbezogenen professionellen Logiken können die Professionalität unterschiedlichster Berufsgruppen und Akteure in gemeinsam geteilten Deutungs-, Bewertungs- und Problemlösungsschemata, also der Wahrnehmung der Wirklichkeit und deren sinnhafte Erschließung zusammenbinden. Nicht zu übersehen ist allerdings, dass innerhalb solch abgrenzbarer Deutungs- und Orientierungskontexte ebenso massive Kämpfe um die Erlangung individueller Deutungshoheit und exklusiver Zuständigkeit toben" (Langer, 2018, S. 854). Unbestritten bleibt daher, dass die dabei entstehenden Kompetenzen und Expertisen **Ressourcen für die Praxis der Sozialwirtschaft** und die Alltagsbewältigung in sozialen Organisationen liefern. Sie sollten daher für die Professionalität und nicht zuletzt für die Innovation Sozialer Arbeit stärker genutzt werden (ebd.). Nicht zuletzt sollten aus systemtheoretischer Sicht solche Vorgänge und Entwicklungen Eingang in die professionelle Reflexion einer jeden Organisation finden. Denn „in der Konsequenz führt dies zu einer weiteren Öffnung des Horizonts der Organisationsgestaltung. Informale (emergente) Handlungsmuster gehören ebenso in das Blickfeld wie die Entwurfsarchitektur" (Schreyögg & Geiger, 2016, S. 15).

5.1.2 Wandlungsprozesse zweiter Ordnung

Bei Lernprozessen zweiter Ordnung werden grundlegende Werte und Normen und die bisherigen Strategien der Organisation beibehalten. Auch wird nicht auf die organisationskulturellen Gegebenheiten eingegangen. Die Veränderungen werden innerhalb der Grundstrukturen vollzogen. Daher werden auf dieser Ebene die intendierten Organisationsentwicklungsprozesse in der Regel systematisch geplant. Sie haben lediglich ein theoretisch festgelegtes Ergebnis. Beispiele für Veränderungen zweiter Ordnung sind daher im Alltagsgeschäft zu finden. Es geht in der Regel darum, die bisherige Praxis in ihren Abläufen zu optimieren oder Anpassungen in einer Krise vorzunehmen (von Reith & Wimmer, 2014, S. 146 ff.).

Die Maßgabe der stetigen Veränderung bzw. Verbesserung der bisherigen Praxis ist dabei längst zu einem Maßstab des **Qualitätsmanagements** in der Sozialen Arbeit geworden. Dabei hat sich die Debatte um die Frage, was als Qualität bzw. Qualitätsmanagement in der Sozialwirtschaft gelten sollte, im Laufe der Zeit verändert: „Während ‚Qualität' umgangssprachlich häufig im Zusammenhang mit der theoretisch vorstellbaren höchsten Güte oder dem Vergleich mit der Leistungsqualität konkurrierender Anbieter verstanden wird (‚absoluter Qualitätsbegriff'), legt modernes Qualitätsmanagement den Schwerpunkt auf die Gewichtung derjenigen Anforderungen, die einen dauerhaften Nutzen für die Kunden und Kundinnen in den Mittelpunkt stellen" (Grunwald,

5.1 Zur Differenzierung von organisationalen Wandlungsprozessen 85

2018c, S. 619). Das Management von Qualität „umfasst vor diesem Hintergrund zunächst einmal die Gesamtheit aller Anstrengungen in einer Organisation, die Qualität der Dienstleistungen zu entwickeln, aufrechtzuerhalten und zu fördern" (Grunwald, 2018c, S. 621).

Letztlich geht es dabei immer darum, bisherige Verfahren weiterzuentwickeln und sich immer wieder die Frage zu stellen, ob die Ziele und Zwecke der Organisation noch bestmöglich und nach aktuellen Standards bearbeitet werden (von Reith & Wimmer, 2014). Demnach ist Qualität keine absolute Größe und auch nicht mit eindeutigen Wesenseigenschaften zu beschreiben, sondern eine Auswahl von Kriterien: „Diese Kriterien differieren von Anspruchsgruppe zu Anspruchsgruppe, was gerade angesichts der Vielfalt derselben in der Sozialwirtschaft von besonderer Bedeutung ist. Die Definition von Qualität ist nicht nur von den tatsächlich am Leistungsprozess Beteiligten (Leistungsanbieter, unmittelbare Empfänger), sondern auch von anderen Interessensträgern wie Angehörigen, Politik, Öffentlichkeit, Träger oder konkurrierenden Einrichtungen abhängig" (Grunwald, 2018c, S. 619). Abläufe und professionelle Geschehnisse in der Organisation sind deshalb immer wieder zu thematisieren und vor dem Hintergrund der Umweltanforderungen zu diskutieren. Die Herausforderungen, die damit verbunden sind, sollten nicht unterschätzt werden. Ein gutes Qualitätsmanagement und die damit verbundene stetige Verbesserung der Praxis bedarf Zeit, einer stetigen organisationalen Reflexion und nicht zuletzt offener Kommunikationsprozesse im Team (von Reith & Wimmer, 2014, S. 147 ff.).

Zum Bereich der Wandlungsprozesse zweiter Ordnung zählt auch das **Krisenmanagement.** Krisen ereignen sich in der Regel in der Umwelt von Organisationen (wie beispielsweise die Coronakrise) und werden daher von außen an die Organisation herangetragen. Neben der Unterschiedlichkeit der Krisen, geht es für die Organisation in der Bewältigung dieser immer um die Aufrechterhaltung der Handlungsfähigkeit: „Es werden permanent Maßnahmen zur Redimensionierung der eigenen Kapazitäten betrachtet und Szenarien für die verschiedenen Eventualitäten mit dem Ziel der Sicherung der eigenen Handlungsfähigkeit entwickelt. Damit verbunden ist häufig auch eine intensive und periodische Kommunikation mit den Beschäftigten zur aktuellen Lage" (von Reith & Wimmer, 2014, S. 149). Idealerweise erfolgt dies in guter Zusammenarbeit zwischen Leitungskräften und den Mitarbeitenden einer Organisation.

5.1.3 Wandlungsprozesse dritter Ordnung

Bei Veränderungsprozessen dritter Ordnung geht es um **tiefgreifende und grundsätzliche Neuausrichtungen** der Organisation. Daher werden in diesen Change-Management-Prozessen in der Regel gleichzeitige Veränderungen auf mehreren Ebenen angestrebt. So werden nicht selten Strukturen, Prozesse und Strategien überdacht, verändert und neu ausgerichtet (von Reith & Wimmer, 2014, S. 149 ff.). Hiermit verbunden sind häufig das Erschließen neuer Märkte bzw. Tätigkeitsfelder (die Schwangerschaftskonfliktberatungsstelle bietet nun auch Sucht- und Drogenberatung an), die Umstellung der Kommunikationsstrukturen durch Veränderungen im hierarchischen System (die Einlinienorganisation wird zur Teamorganisation gewandelt), Unternehmen und/oder die komplette Neuausrichtung der Organisation durch veränderte inhaltliche Programme.

5.2 Logiken von Wandlungsprozessen

Die Klassifizierung von Lernprozessen erster, zweiter und dritter Ordnung sind naturgemäß nicht fortwährend plan- bzw. konsequent voneinander trennbar. „Nicht immer ist zum Start eines Veränderungprojektes für die Beteiligten erkennbar, in welchem Rahmen sich die Veränderungen einmal bewegen werden" (von Reith & Wimmer, 2014, S. 152–153). Unabhängig von der Ordnungsebene, auf der Lernprozesse in Organisationen stattfinden, werden sie alle durch die gleichen Logiken begleitet. Hierzu wurde bereits erläutert (vgl. Abschn. 2.2.5), dass Organisationen in ihren Kulturen ohnehin dazu neigen, selbstreferenziell zu agieren. In Situationen großer Veränderungen wirkt sich diese grundsätzliche Eigenschaft noch viel deutlicher auf alle Prozesse aus: Die Organisation greift dann zunächst auf sich selbst bzw. auf ihre internen Abläufe zurück, indem versucht wird, den Input mit den bisher erprobten Erklärungsansätzen und Handlungsstrategien in die Funktionsabläufe einzubauen. Im Zusammenhang mit Organisationkulturen bezeichnet man solche Veränderungen in der Umwelt, die von einer Organisation ernst genommen werden müssen, als **„Irritation"** oder „Perturbation" (Simon, 2011b, S. 26). Häufig wird (nur) wahrgenommen, was zu den internen Abläufen, Handlungslogiken sowie Werten und Normen passt. Hieran ist gut erkennbar, wie Organisationen ihre Umwelt in einer selektiven Art wahrnehmen, und vor allem das „mitnehmen", was für das „organisationsspezifische Sinnsystem" (Merchel, 2005, S. 12) passend ist. Das heißt, die Umwelt einer Organisation kann sich zwar beeinflussend oder irritierend auf sie auswirken, diese werden jedoch nach den Logiken des Systems verarbeitet. Hiervon ableitend lassen sich zwei Gesetzmäßigkeiten formulieren, die für das Verstehen von Organisationen und deren Entwicklung notwendig sind, die „Strukturdeterminiertheit" und die „operationale Schließung" (Simon, 2011a):

- Die **Strukturdeterminiertheit** sagt aus, dass zwischen den Ereignissen und Anstößen aus der Umwelt einer Organisation und den internen Folgen keine geradlinigen Kausalzusammenhänge bestehen – es gibt somit keinen steuerbaren Ursache-Wirkungs-Zusammenhang. Stattdessen reagiert eine Organisation auf einen äußeren Anstoß immer mit Handlungen, die mit ihren eigenen Strukturen kompatibel sind und sich aus diesen heraus erklären (Simon, 2011a). Das heißt, es ist nicht absehbar, wie sich eine Veränderung von außen bzw. auf formaler Ebene im Unternehmen auswirken wird. Es gibt beispielsweise keine eindeutig vorhersehbaren Reaktionen von Organisationen der Sozialen Arbeit auf die neuen Anforderungen des Bundesteilhabegesetzes. Im Fall, dass es in den einzelnen Einrichtungen zu Konsequenzen kommt, werden diese in jedem Fall zunächst an die bereits vorhandene Struktur so weit wie möglich angepasst. So werden beispielsweise neue Aufgabenbereiche meist zuerst an bereits vorhandene Stellen angegliedert, bis es zur Schaffung neuer, spezialisierter Stellen bzw. Bereiche kommt.
- Die **operationale Schließung** als zweite Gesetzmäßigkeit hängt eng mit der Strukturdeterminiertheit zusammen. Sie besagt, dass Veränderungen in einer Organisation nur aufgrund eines eigenen inneren Anstoßes der Organisation vollzogen werden. Das heißt, interne Änderungen bzw. organisationale Lernprozesse sind nicht von außen steuerbar, sondern können nur durch innere Antriebe der Organisation bzw. ihrer Mitglieder vollzogen werden (Simon, 2011a). Daher können Veränderungen oftmals nur rückblickend verstanden werden. Es ist selten vorher absehbar, wie Organisationen auf Veränderungen reagieren. Auch dann nicht, wenn diese aus der Organisation heraus angestoßen werden. Um am Beispiel des Bundesteilhabegesetzes zu bleiben: Veränderungen durch das Gesetz kommen in der Einrichtung nur zustande, wenn die Führungskraft und die Mehrheit der Mitarbeitenden davon überzeugt sind, dass die Veränderungen durch das Gesetz „gut" und sinnvoll sind. Nur dann werden Veränderungen und Anpassungsleistungen in der Organisation vorgenommen, andernfalls kommt es lediglich zu Veränderungen auf der formalen Seite.

Organisationen als autopoietische Systeme sind also dadurch gekennzeichnet, dass sie auf äußere Einflüsse reagieren können, diese jedoch in der Regel mit vorhandenen Mitteln und Operationsweisen verarbeiten. Simon (2011b) dies treffend das „Identitätsparadox". Zusammenfassend kann man sagen, dass es nur drei Varianten gibt, wie Organisationen auf Veränderungen (aus der Umwelt) reagieren können: (1) **Variation:** Sie können sie aufnehmen und in die Seiten und Strukturen der Organisation „einarbeiten". (2) **Retention:** Sie können sie abwehren. Dabei kann eine komplette Abwehr auch bedeuten, dass Veränderungen in der Fassade einer Organisation aufgenommen werden, jedoch keine tatsächlichen Veränderungen in der Organisationskultur bringen. (3) **Selektion:** An Veränderungen können Organisationen auch zerbrechen. Ist der Druck zu groß und sind es zu viele Veränderungen, denen die Organisation nicht mehr standhalten kann, droht ein Zusammenbruch des gesamten Systems (Simon, 2011b; Renoldner et al., 2014).

Lernen in Organisationen vollzieht sich im Wesentlichen dadurch, dass vorhandene Wissenselemente im Rahmen der Kommunikationsprozesse neu verknüpft werden bzw. zu einer neuen Idee weiterentwickelt werden (Variation). Hierzu müssen die Veränderungen, egal ob intern oder extern initiiert, in ihrer Komplexität so reduziert werden, dass sie für die vorhandenen Wissensbereiche zu verarbeiten sind. Dabei gilt: Damit soziale Systeme Komplexität reduzieren können, müssen sie bereits einen gewissen Grad an Komplexität aufweisen. Nur so ist es möglich, dass sich Systeme an ihre Umwelt anpassen können. Und: „Je komplexer ein System ist, desto mehr Möglichkeiten besitzt es, auf wechselnde Umweltanforderungen angemessen zu reagieren" (Kneer & Nassehi, 2000, S. 41). Zwischen der Komplexität eines Systems und der Umweltkomplexität gibt es demnach einen inneren Zusammenhang, da jedes soziale System nur einen Ausschnitt der Umwelt verarbeiten kann (ebd.). Dies hat zur Folge, dass „zusätzlich zum Verstehen der Prozesse, die extern ablaufen, ein Verständnis von Organisationen, ihren Strukturen und internen Abläufen" (Wöhrle, 2019, S. 206) angestrebt werden muss.

Daher sei an dieser Stelle explizit angemerkt: Veränderungsprozesse sollten in einem guten Balanceakt realisiert werden. Es sollte stets auf die Handlungsfähigkeit der Organisation geachtet werden. Dies gilt vor allem im Umgang mit Widerständen und Konflikten. Bauer schreibt hierzu treffend: „Der Umgang mit Widerständen ist bei Veränderungsvorhaben immer Thema. Wie groß Widerstände sind, hängt aber weniger mit der Sache als mit dem Umgang der Führung mit der Situation und den Menschen zusammen. In einer gut funktionierenden Organisation identifizieren sich die Mitarbeitenden mit ihren Tätigkeiten, Prozessen und Lösungen. Wenn aber etwas, mit dem sich die Menschen identi-

5.2 Logiken von Wandlungsprozessen

fizieren und das sie aus ihrer Sicht lange und erfolgreich getan haben, plötzlich als Problem gesehen wird, dann wird das von den Betroffenen oft auch als Abwertung ihrer bisherigen Tätigkeit erlebt" (Bauer, 2013, S. 102).

Die Eigendynamiken und Gesetzlichkeiten, die alle organisationalen Lernprozesse bestimmen, erschweren ihre Systematisierung. Zur Orientierung eignen sich daher die Seiten und Strukturen von Organisationen. Demnach verfügen alle Organisationen über eine äußere Schauseite („Fassade"), eine formale Struktur (Regelwerk) und eine informelle Seite (inneres Leben) (vgl. Abschn. 2.2.1). Zudem werden drei Steuerungsmöglichkeiten unterscheiden, die in Organisationen Entscheidungsprämissen vorbereiten: Programme, Kommunikationswege und Personal (vgl. Abschn. 3.2). In den Feldern zwischen den Strukturen und den Seiten einer Organisation gestaltet sich das organisationale Leben bzw. der organisationale Wandel (Abb. 5.1).

Nun gibt es viele „Spielarten", wie man Veränderungen auf diesen neun Feldern in Organisationen umsetzen kann. Sehr beliebt ist die Einführung neuer Programme, die in der Schauseite öffentlichkeitswirksam umgesetzt werden. Äußerst beliebt ist auch das Einstellen neuer Mitarbeiter, die dann ebenfalls auf der Schauseite der Organisation „verkauft" werden und mit ihrem Expertenwissen für die Legitimation des „Neuen" stehen. Finden Organisationentwicklungsprozesse ausschließlich auf der Schauseite einer Organisation statt, kann davon ausgegangen werden, dass dies kaum Auswirkungen auf die Hand-

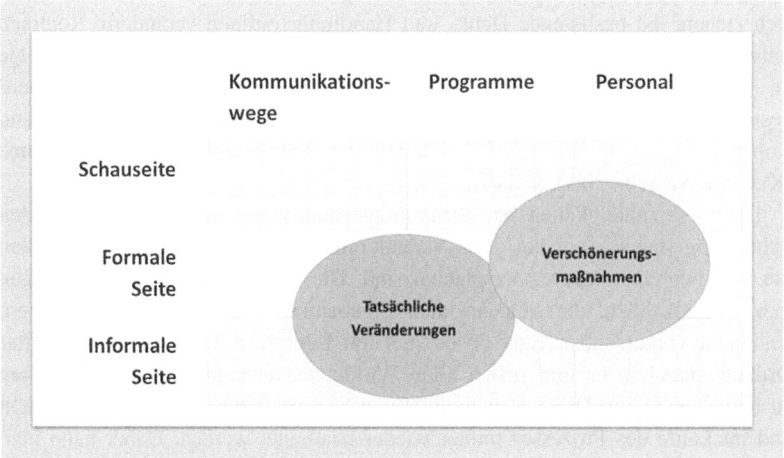

Abb. 5.1 Eigene Darstellung (Kühl, 2016)

lungsaktivitäten der Organisationsmitglieder hat. Dann diente es in der Regel nur dazu, die „Fassade zu verschönern" oder Leitlinien einzuführen, an die sich niemand wirklich hält. Eine rein formale Erstellung bzw. Veränderung wird oft nicht selbstverständlich in die Organisationskultur (informelle Seite und die Kommunikationswege) übernommen bzw. übersetzt (Kühl, 2017a). Dies ist zum Beispiel dann der Fall, wenn ein Unternehmen ein Konzept zum Diversity-Management nur auf formaler Ebene erstellt und damit lediglich die „Fassade" der Organisation verschönert, ohne die Inhalte der Konzeption in der Organisation tatsächlich umzusetzen. Häufig wird dann noch eine bestimmte Personalstelle geschaffen, um die neuen Aufgaben zu verorten (Diversity-Beauftragter), was allerdings nicht zur Folge haben muss, dass die anderen „Spielfelder" der Organisation irgendwelche Auswirkungen spüren.

Wichtig ist also, dass Wandlungsprozesse nicht nur auf formaler Seite (Schauseite) erfolgen, sondern auch auf informeller Ebene implementiert werden. Die Selbstreferenzialität von Organisationen sorgt jedoch in aller Regel dafür, dass jegliche Inputs von außen zunächst als irritierend wahrgenommen werden. Bei Irritationen greift die Organisation erstmal auf sich selbst und ihre gewohnten, bisherigen Abläufe zurück. Denn wie bereits erläutert, sind Organisationen strukturdeterminiert und operational geschlossen. Das heißt, es ist nicht absehbar, wie sich eine Veränderung von außen bzw. auf formaler Ebene im Unternehmen auswirken wird und äußere Einflüsse werden nach inneren Operationsweisen verarbeitet (Simon, 2011b). Ein wesentliches Ziel organisationaler Lernprozesse ist es deshalb, dass organisationale Veränderungen auch immer Lernprozesse nach sich ziehen, die bestehende Denk- und Handlungsroutinen verändern. Routinen müssen verlernt werden, um eine neue, noch nicht so bewährte Handlungsabfolge an diese Stelle treten zu lassen. Lernen ist daher „auch immer ein ‚Verlernen' bestehender Orientierungen, damit Raum entsteht für neue Wahrnehmungen und Konzepte, und damit ein neues Verständnis von Realität aufgebaut werden kann" (Kneer & Nassehi, 2000, S. 540).

Die Gesetzmäßigkeiten der Strukturdeterminiertheit und der operationalen Schließung tragen dazu bei, dass Veränderungen in Organisationen von außen nur sehr begrenzt steuer- oder planbar sind. Die Wirkungen von Veränderungen bzw. Lernanstößen, die sich aus dem Eigenantrieb der Organisation ergeben, sind nicht vorhersehbar. Egal ob es sich um Lernprozesse zweiter oder dritter Ordnung handelt, es gibt neben allen Wirkungen auch viele Nebenwirkungen zu berücksichtigen. Diese Nebenwirkungen können vorab nur begrenzt bedacht und im Laufe des Prozesses immer wieder bearbeitet werden. Daher kann man Organisationen tatsächlich nur dann beeinflussen und organisationale Lernprozesse in Gang setzen, wenn man dies als einen ganzheitlichen Prozess plant und durchführt. Handelt es sich um Wandlungsprozesse zweiter und dritter Ordnung, sind innerhalb und außerhalb der Organisation oft mehr als nur kleine Korrekturen im organisationalen Ablauf zu beachten, da es nicht selten um tiefgreifende und umwälzende Veränderungen geht (Wöhrle, 2019).

Nun geben die Erläuterungen zu organisationsbezogenen Dynamiken bei Veränderungen nicht zwangsläufig Orientierungswissen und Strategien für Change-Management-Prozesse in der Praxis. Praxisorientierte Varianten der Herangehensweise an solche Prozesse sollen daher nachfolgend etwas vertiefter betrachtet werden.

5.3 Dimensionen im Change Management

Theorien, Methoden und Konzepte zu (praxisorientierten) Change-Management-Prozessen aus systemtheoretischer Sicht sind mittlerweile von mehreren Autoren beschrieben (Kühl, 2018; Lambers, 2017; Malik, 2013; von Reith & Wimmer, 2014). Es ist nicht zielführend, für das vorliegende einführende Lehrbuch diese Ansätze in ihrer Gänze aufzuführen. Handlungsorientierender ist es, die Dimensionen von Wandlungsprozessen in Organisationen (von Reith & Wimmer, 2014, S. 154 ff.) zu verdeutlichen. Hieraus kann ableitend beschrieben werden, welche Veränderungsprozesse im Laufe der Zeit gesteuert und (nach-)reguliert werden sollten. Im Folgenden werden deshalb anhand der Sinndimensionen sozialer Systeme (vgl. Abschn. 2.2.4) die „Spielfelder" organisationaler Wandlungsprozesse systematisiert dargestellt.

5.3.1 Sachdimension

Die Sachdimension bezieht sich im Change Management auf die inhaltlich-fachlichen Aspekte und beschäftigt sich „mit dem **Design der organisational notwendigen Entwicklungen**" (von Reith & Wimmer, 2014, S. 155). „Design" meint dabei vor allem das Festlegen von Inhalten und den dazugehörigen strategisch notwendigen Schritten zur Umsetzung, also die Suche „nach geeigneten Mitteln zur Realisierung eines vorher definierten Zwecks" (Kühl, 2016, S. 9), oder kurz gefasst: die Formulierung einer Strategie. Dabei gilt, dass ein Zweck immer auch als Synonym für ein Ziel verstanden werden kann, und dass die Mittel mögliche Wege darstellen, ein bestimmtes Ziel zu erreichen. Die Entwicklung und Formulierung einer Strategie ist „der Prozess der Suche nach dem geeigneten Mittel". Die Umsetzung bzw. Implementierung einer Strategie ist

„der Prozess des Einsatzes der als geeignet identifizierten Mittel, um den vorher definiteren Zweck zu erreichen" (Kühl, 2016, S. 9–10).

Die Strategien der Sachdimension haben die Funktion, den Horizont und die Ausrichtung einer Organisation zu einem gewissen Grad und für eine gewisse Zeit zu verengen: „Jede Zwecksetzung hebt einen Aspekt ganz besonders hervor, allerdings immer aus Kosten der Vernachlässigung, wenn nicht sogar Schädigung einer Vielzahl anderer möglicher Aspekte" (Kühl, 2016, S. 11). Durch Zwecksetzung haben Organisationen eine Art Scheuklappen auf, die helfen, fokussiert auf Ziele hinzuarbeiten (Luhmann, 1973). „Die **Strategie** übernimmt eine Korridorfunktion, sie erbringt eine ‚ordnungspolitische' Koordinationsleistung für das Unternehmen. So setzen die dezentralen Einheiten nicht das um, was ihnen aus ihrer jeweiligen Logik heraus im Augenblick strategisch opportun erscheint, sondern es kommt zu einer gemeinsamen Taktung der Aktivitäten aller Unternehmenseinheiten und -bereiche" (Glatzel & Wimmer, 2014, S. 249). Strategien helfen also auch Kräfte zu bündeln. Wenn sich ein Jugendhilfeträger beispielsweise das Ziel setzt, Partizipation als gelebte Philosophie in den eigenen Einrichtungen stärker umzusetzen, dann werden Fortbildungen, Teamsitzungen und Maßnahmen in den Einrichtungen Kräfte und Kapazitäten bündeln, die sich diesem Thema widmen, wodurch sie sich anderen Themen in dieser Zeit eben nicht so stark widmen können. In der Organisationsforschung ist die Suche nach den besten Mitteln, um einen bestimmten Zweck zu erreichen, mit dem Begriff **„Zweckrationalität"** hinterlegt. Die Rationalität bezieht sich hierbei jedoch nicht auf den Zweck, sondern auf die Wege zur Zielerreichung – auf die Mittel. Und hierbei ist es eine alte systemische Idee, dass „der Zweck, die Mittel heiligt" (Luhmann, 1973, S. 46). „Das, was quasi im Schatten der offiziellen Suche nach Mitteln zur Erreichung eines festgelegten Zwecks abläuft, würde man als Prozess der Strategieformulierung bezeichnen" (Kühl, 2016, S. 9–10).

Dass entwickelte Strategien dabei immer ganz anders ablaufen als erwartet, ist mittlerweile auch schon in traditionelle Konzepte der Führungs- und Managementlehre vorgedrungen. Leider werden unerwartete Entwicklungen, überraschende Ausgänge bzw. nicht bedachte Wege immer noch als Fehler bzw. als Pathologien angesehen: „Das Problem ist, dass die klassisch zweckrationale Vorgehensweise für die Entwicklung von Strategien ungeeignet ist, wenn der Prozess unter Bedingungen von Ungewissheiten stattfindet. (Denn) häufig treten Entwicklungen auf, die man nicht vorausahnen konnte, und die sich in ihren Wirkungen häufig auch noch potenzieren. (…) Das Wissen über die Ausgangslage ist ungenau, weil man unzureichende Informationen hat und das Ziel für den Strategieprozess sich unscharf formulieren lässt" (Kühl, 2016, S. 58). **Strategieentwicklung** bedeutet aus einem systemtheoretischen Ver-

5.3 Dimensionen im Change Management

ständnis heraus daher nicht, Ableitungen aus der Vergangenheit zu bilden oder deterministische Zukunftsprognosen aufzustellen. Es geht vielmehr darum, dass die Organisation sich selbst konstruiert und eine neue Ausrichtung an den bereits gemachten Erfahrungen findet. Treffend stellt Grunwald fest, dass es das Ziel ist „strategische Positionierungen der Vergangenheit und Einschätzungen zukünftiger Entwicklungen lediglich als Hinweise zu nehmen, die immer wieder neu zu hinterfragen sind. Entscheidungen für zukünftige Entwicklungen sind in dem Wissen zu treffen, dass die vermeintlich sichere Wissensbasis problematisch und unvollständig etc. sein kann, sich die angenommenen Umweltbedingungen binnen kürzester Zeit signifikant ändern können, und so getroffene, auch weitreichende Entscheidungen erneut intensiven Lern- und Veränderungsprozessen unterzogen werden müssen" (Grunwald, 2018b, S. 379–380).

Systemische Strategieentwicklung braucht es bei organisationalen Lernprozessen zweiter und dritter Ordnung. Sie müssen aus der Mitte der Organisation erzeugt werden und alle neun Felder einer Organisation berühren (Abb. 5.2), damit ein Zukunftsbild entstehen kann, das „auf gemeinsam entwickelten Annahmen der Schlüsselakteure beruht" (Glatzel & Wimmer, 2014, S. 249). Wenn es gelingt, dass Entscheidungsprämissen als Entlastung und nicht als Belastung wahrgenommen werden, ist im Unternehmen eine Ausrichtung an einem „selbst geschaffenen Identitätsentwurf" (ebd.) spürbar.

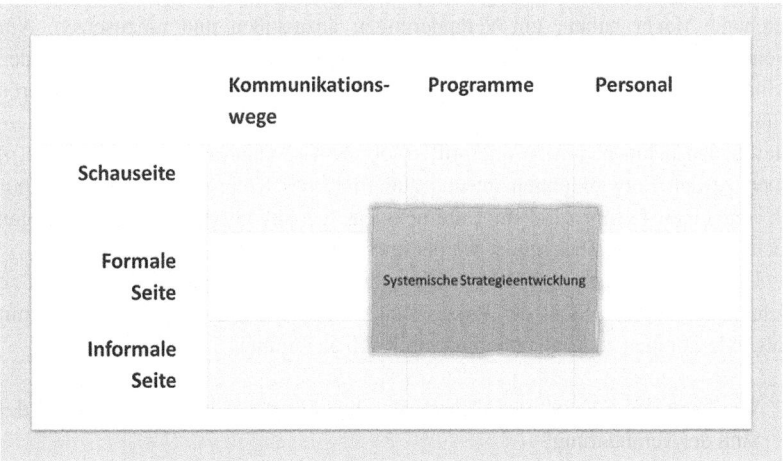

Abb. 5.2 Systemische Strategieentwicklung. (Eigene Darstellung nach Kühl, 2016)

Verdeutlichen wir dies an einem Beispiel: Sieht man die Einführung eines neuen Qualitätsmanagements nur als Profilierungskampagne der neuen Einrichtungsleitung, werden die Umsetzungsstrategien in der Einrichtung entsprechend wenig ambitioniert ausfallen. Aus systemtheoretischer Sicht ist es wenig erfolgversprechend, ein neues Qualitätsmanagement auf der formalen Schauseite innerhalb kürzester Zeit „aus dem Boden zu stampfen" und es in die informellen Abläufe zu übernehmen. Viel sinnvoller ist es, Stück für Stück einzelne Themen, Aspekte und Inputs des überarbeiteten Qualitätsmanagements und die dazugehörigen Prozesse voranzutreiben. Zudem müssen die Leitungsebenen Widerstände in den Einrichtungen bewusst kommunikativ aufgreifen und veranlassen, dass die Maßstäbe und Inhalte des Qualitätsmanagements beispielsweise im Rahmen eines Fortbildungstages in den Einrichtungen entsprechend besprochen werden. Nur über diese Formen der Kommunikation kann sichergestellt werden, dass das Qualitätsmanagement Teil der organisationskulturellen Wirklichkeiten (Basisannahmen, Normen und Werte, Symbolsysteme) wird. Des Weiteren ist es wichtig, die daraus resultierenden Reaktionen bei den einzelnen Mitarbeitenden in den Teams genauso zu beobachten und zu reflektieren wie die organisationsstrukturellen Veränderungen und Verankerungen der Qualitätsmanagementmaßstäbe. Daher ist es auch so wichtig, dass Führungskräfte tatsächlich hinter den Veränderungen stehen, die im Unternehmen stattfinden sollen. In der Praxis wird diese symbolische Bedeutung oftmals von dem Satz „Das muss Chefsache sein" begleitet. Diese hierarchische Bedeutung gründet darin, dass in der Regel nur Führungspersonen in Organisationen ausreichend Macht haben, um Veränderungen anzustoßen und umzusetzen. Nur wenn eine Führungskraft hinter neuen Veränderungen steht, können diese in den Alltag und die Realitäten der sozialen Organisation Einzug finden. Die oberen Führungsebenen sollten sich in dem Prozess daher auch immer wieder aus dem Geschehen nehmen, um zu überprüfen, ob die Grundannahmen der Strategie(n) noch zu den Entwicklungen im und außerhalb des Unternehmens passen. Dies erzeugt einen Lernprozess im Unternehmen, der auf langfristige Zielsetzungen nicht verzichtet, sie aber immer wieder korrigier- und regulierbar macht.

Um die Wirkungen und Nebenwirkungen eines Change-Prozesses im Blick zu behalten, ist es aus Sicht der Prozesssteuerung wichtig, sich immer wieder mit folgenden Fragen zu konfrontieren (von Reith & Wimmer, 2014, S. 155 ff.):

- Wie kann das „Wozu" der Veränderung beantwortet werden bzw. was ist der Sinn der Veränderung?

5.3 Dimensionen im Change Management

- Auf welches Zukunftsbild oder welche Vision arbeitet die Organisation hin? Hat die Veränderung Einfluss auf das Selbstverständnis (Leitbild) der Organisation?
- Welche konkreten Bereiche, Abläufe und Aspekte sollen durch die Change-Prozesse verändert werden? Welche Bereiche und „Spielfelder" sind durch die Veränderungsmaßnahmen besonders betroffen (Programme, Strukturen, Personalstellen, Stellenprofile etc.)?
- Welche Veränderungen sollen auf den konkreten Ebenen erfolgen?
- Wie können die Abläufe und der Alltag der Organisation während der Veränderungsmaßnahmen aufrechterhalten werden?
- Wie müssen Führungs- und Steuerungsstrategien während des Prozesses auf die Felder der Organisation einwirken?
- Welche Wettbewerbssituation stellt sich durch die Veränderung innerhalb und außerhalb der Organisation ein?

Viele dieser Fragen sollten im Laufe des Prozesses immer wieder gestellt werden. Denn die Auswirkungen der Veränderungen und die damit verbundenen Wirkungen und Nebenwirkungen werden oft erst im Laufe des Prozesses deutlich und offenbaren Aspekte und Bereiche, die bei der Anfangsplanung nicht bedacht wurden.

5.3.2 Sozialdimension

Aus systemtheoretischer Sicht ist es wichtig zu verstehen, dass Veränderungen nie geradlinigen Kausalzusammenhängen folgen (Organisationen sind strukturdeterminiert) und dass Anstöße zu Veränderungen nur aus der Organisation selbst kommen können (Organisationen sind operational geschlossen). Will man Organisationen beeinflussen, muss man daher vor allem die soziale Dimension und die damit verbundenen informellen Aspekte einkalkulieren. Führungskräften muss es gelingen, „kreative Aushandlungsräume zu schaffen, die für Kommunikation zu den laufenden Change-Initiativen wirkungsvoll genutzt werden" (von Reith & Wimmer, 2014, S. 158). Bei der Strukturierung dieser „kreativen Aushandlungsräume" ist es sinnvoll, das systemisch-konstruktivistische Modell von Senge (2017) zu nutzen, das sich mit den sozialen Aspekten zum Lernen in Organisationen aus systemtheoretischer Sicht auseinandersetzt. Es bietet eine grundsätzliche Systematisierung und Komplexitätsreduzierung. Danach können organisationale Entwicklungsprozesse in der Sozialdimension durch vier **Kernelemente** verwirklicht werden: Selbstführung, Teamlernen, Mentale Modelle und Gemeinsame Visionen (Senge, 2017) (Abb. 5.3).

1. Die **Selbstführung** bezieht sich auf die Persönlichkeitsentwicklung jedes einzelnen Organisationsmitglieds. Auf dieser Ebene kommen besonders die intrapersonalen Bedingungen wie die individuellen Wahrnehmungsprozesse einer Person und die daraus resultierenden Einstellungen und Ursachenzuschreibungen zum Tragen. Es ist die grundsätzliche Bereitschaft und das Bemühen jedes und jeder Einzelnen, die persönlichen Sichtweisen, Einstellungen, Handlungen und Visionen kontinuierlich infrage zu stellen, zu klären und zu vertiefen.
2. Da ein Großteil der individuellen Lernvorgänge nicht aus den inneren Vorgängen des Menschen allein entsteht, sondern im und durch den Austausch von Personen, identifiziert Senge als zweites Element eine interpersonale Ebene, das **Teamlernen**. Diese Lernebene beschreibt grundsätzlich die zwischenmenschlichen Dimensionen, die auf Lernprozesse einwirken bzw.

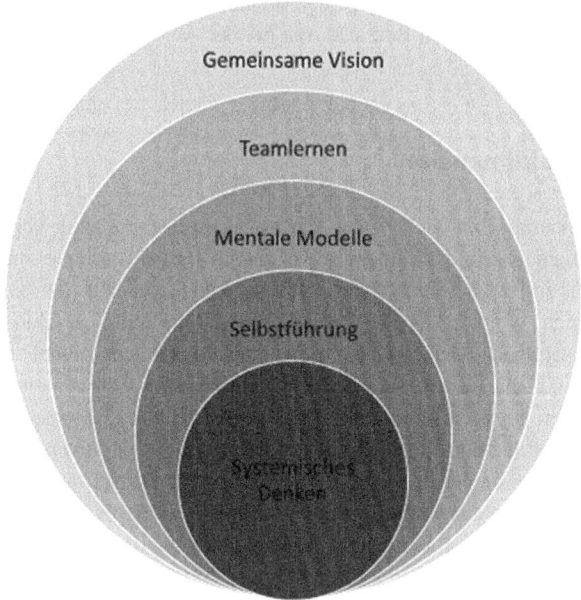

Abb. 5.3 Kernelemente in der Sozialdimension. (Eigene Darstellung in Anlehnung an Senge, 2017)

5.3 Dimensionen im Change Management

die durchlaufen werden müssen. Der Gruppe wird dabei eine besondere Bedeutung als lernförderlicher Rahmen für den Einzelnen und als Vorstufe für das organisationale Lernen zugemessen. Dieses Element zeigt damit auf, dass im Rahmen organisationaler Lernprozesse die grundsätzliche Notwendigkeit besteht, alle Organisationsmitglieder an den Lernprozessen zu beteiligen und in diese einzubeziehen. Angenommen wird, dass sich die beabsichtigten Wirkungen von organisationalen Entwicklungsprozessen nur dann einstellen, wenn die betroffenen Organisationsmitglieder diese nicht nur dulden, sondern aktiv mitgestalten. Idealtypisch vollzieht sich dies auf der Grundlage einer offenen und transparenten Kommunikationskultur, die nur durch eine aktive Beteiligung aller involvierten Organisationsmitglieder aufgebaut werden kann. Zum Thema **Teamlernen** zählen allerdings auch Interaktionsstrukturen, die das Lernen im Team behindern. Werden Strukturen solcher Art nicht erkannt und aufgedeckt, verhindern sie jegliche Lernprozesse in Teams. Werden sie erkannt und thematisiert, können sie Lernprozesse sogar vorantreiben.

3. **Mentale Modelle** sind eng verbunden mit dem Teamlernen. Sie enthalten die tief verwurzelten Grundannahmen, Normen und Werte sowie Symbolsysteme, die das Bewusstsein und die Interaktionsstrukturen der Organisationsmitglieder prägen. Diese mentalen Modelle haben großen Einfluss darauf, wie Menschen die Welt wahrnehmen und Handlungen ausrichten und spiegeln sich daher vorrangig in der Organisationskultur wider. Um Lernen und Entwicklung in (sozialen) Organisationen zu ermöglichen, müssen mentale Modelle transparent gemacht werden. Wichtig ist vor allem, verhindernde Aspekte gemeinschaftlich getragener mentaler Modelle zu thematisieren. Nur so können Widerstände und Konflikte, die möglicherweise den angestrebten Veränderungsprozessen im Wege stehen könnten, überhaupt reguliert werden.

4. **Gemeinsame Vision** beschreibt das Vorhandensein gemeinsamer Zukunftsbilder, die über eine Einwilligung der Organisationsmitglieder hinausgeht und bei ihnen Orientierung, Sinn und Engagement erzeugen und fördern. Das Vorhandensein einer anerkannten Vision erkennt man an dem Antrieb und Ansporn, die von ihr ausgehen: Mitarbeitende lernen, werden kreativ und arbeiten motiviert. Entwicklung und Wirkung dieses Elements sollten jedoch nicht dem Zufall überlassen, sondern in den organisationalen Abläufen und Programmen verankert werden. Sichtbar wird diese Ebene in der Schauseite und der formalen Seite einer Organisation. Idealtypisch wird auf dieser Ebene das neu erworbene Wissen der vorangegangenen Ebenen in konkrete Aktionen übersetzt. Das heißt, bei diesem Vorgang wird das individuell erworbene Wissen in das „Bewusstsein" (informelle Ebene) und in die Strukturen der Organisation (Fassade und formale Seite einer Organisation) transformiert.

Verbunden werden diese vier Kernelemente durch ein **systemisches Denken und Handeln, das auf Ganzheitlichkeit zielt** (Grunwald, 2018a). Das Systemdenken stellt das integrative Element dar, das alle Kernelemente zu einer ganzheitlichen Theorie zusammenfügt und verhindert, dass soziale Kommunikationen und Handlungen, die im Laufe der Veränderungen geschehen, isoliert betrachtet werden. Fehlt etwa bei dem Erzeugen einer neuen visionären Ausrichtung der Organisation der Blick des Einzelnen bzw. des Teams, lassen sich zwar Zukunftsszenarien beschreiben, doch wird es schwierig sein, einzuschätzen, welche Kräfte zu bewältigen sind, um in dieser Zukunft anzukommen (Senge, 2017). Treffend drückt es Grunwald aus: „Organisationen der Sozialwirtschaft werden so als Gebilde verstanden, deren Produktivität untrennbar mit den Fähigkeiten zur Problemlösung und zu stetigem Wandel aus eigener Kraft verbunden ist. Sie sollen zu einem Lernprozess angeregt werden (…) – der sowohl die Ebene der Individuen und Gruppen als auch die Ebene der Gesamtorganisation sowie ihrer Strukturen und Kulturen miteinschließt" (Grunwald, 2018a, S. 340). Die Ebene der einzelnen Mitarbeitenden und die Strukturen müssen dabei stets gleichrangig angegangen werden. Zum ersten zählen „Kompetenzniveaus, Einstellungen und Verhaltensweisen von Organisationsmitgliedern". Zum letzteren gehören vor allem „Verfahren, Prozesse, Basisannahmen, Normen usw., also auch kulturelle Elemente" (Grunwald, 2018a, S. 340).

Systemisch orientiertes Lernen in sozialen Organisationen zeichnet sich demnach dadurch aus, „dass sie die Wirkung der individuellen Lernprozesse nicht allein dem Zufall überlassen wollen, sondern bestrebt sind, die individuellen Lernprozesse (…) aufeinander zu beziehen und (…) in institutionalisierten Verfahren Lernprozesse zu initiieren. (…) Die Fähigkeit zur individuellen Selbstreflexion wird (so) genutzt und (…) in eine Bereitschaft (…) zur kollektiven Selbstreflexion (transformiert)" (Merchel, 2005, S. 147).

Wie schon bei der Prozesssteuerung können auch im Rahmen der Sozialdimension mehrere Fragen zur Kontrolle von Wirkungen und Nebenwirkungen im Verlauf des Change-Prozesses herangezogen werden (von Reith & Wimmer, 2014, S. 157 ff.):

- Wie lassen sich Kommunikations- und Handlungssysteme innerhalb der Führungsebene im Laufe des Prozesses für alle Mitglieder der Organisation beobachtbar machen?

5.3 Dimensionen im Change Management

- „Wie lässt sich eine Kommunikationsarchitektur mit unterschiedlichen Kommunikationsformaten entwickeln", die einerseits „kreative Aushandlungsbühnen für Interessen- und Zielkonflikte" zwischen oberstem Management und den nachfolgenden Hierarchieebenen anbietet, und andererseits die hierarchische, gesteuerte Change-Kommunikation mit der informellen Kommunikation verknüpft? (S. 159).
- Wie können Mitarbeitende und externe Stakeholder am Prozess beteiligt werden, wer muss an welcher Stelle in den Prozess involviert werden?
- Wie können aufkommende Widerstände, Skepsis und Ängste im Laufe des Prozesses immer wieder artikuliert, wahrgenommen und analysiert werden, um sie für den Erfolg des Change-Prozesses nutzbringend einzusetzen?

5.3.3 Zeitdimension

Im Gegensatz zu nicht intendierten Veränderungsprozessen, denen Organisationen im Grunde genommen permanent unterworfen sind, benötigen (intendierte) Change-Management-Prozesse in ihrer konkreten Planung einen zeitlichen Horizont. Die Formulierung eines Zeithorizonts ermöglicht ein Projekt-Controlling und damit die kontinuierliche Überprüfung und ggf. Nachjustierung bei der Bestimmung der Ziele. Die Zeitdimension stellt in diesem Sinne einen unverzichtbaren Bestandteil der Architektur eines jeden Change-Prozesses dar, ohne die es für die Steuerungsverantwortlichen schwierig wird, Dynamiken zu erklären und sie im Prozess mit aufzugreifen (von Reith & Wimmer, 2014, S. 160 ff.).

Diese zeitliche Festlegung sollte jedoch nicht mit einer Steuerungsillusion verwechselt werden. Vielmehr geht es darum, eine Überprüfung zu ermöglichen. Dabei ist aus systemtheoretischer Sicht immer zu beachten, dass „das Gaspedal und auch die Bremse (…) im Change-Management nie direkt" (von Reith & Wimmer, 2014, S. 160) wirken. „Change-Gestaltung auf der Zeitdimension muss in angemessener Weise die Vergangenheit der eigenen Organisation, das eigene Gewordensein, in eine Verbindung mit der Gegenwart und vor allem in eine Verbindung mit der Zukunft bringen. Dies entspricht aber meist der ‚Eigenzeit' von Organisationen, die sich vornehmlich mit dem Krisenmanagement der Gegenwart beschäftigen (und im reaktiven Modus, die auftretenden Brände löschen). Veränderungsgestaltung koppelt immer an eine Geschichte von Entscheidungskommunikationen an, deren Muster in der Regel nicht direkt wahrnehmbar oder auch veränderbar sind" (von Reith & Wimmer, 2014, S. 160). Es geht in der Zeitdimension bei Veränderungsmaßnahmen vor allem darum, solche Einflüsse transparent und damit wahrnehmbarer zu machen. Denn nur so kann eingeschätzt werden, mit welchen Reibungen, Widerständen und Konflikten in der Umsetzung zu rechnen ist. Und nur mit dem Wissen dieser Zustände können realistische zeitliche Planungen erstellt werden.

Um die Wirkungen und Nebenwirkungen im Laufe des Change-Prozesses im Blick zu haben, ist es auch im Rahmen der Zeitdimension wichtig, relevante Fragen immer wieder in einem iterativen Prozess zu beantworten (von Reith & Wimmer, 2014, S. 161 ff.):

- Welche Einzelschritte sind in dem gesamten Prozess vorgesehen und welche zeitliche Dynamik wird ihnen beigemessen? „Wie kommt man dabei zu einer klug konzipierten und flexiblen Dramaturgie, die die evolutionären Kräfte im Veränderungsprozess nutzt?" (S. 162).
- Wie können unterschiedliche Zeithorizonte verschiedener Aufgaben synchronisiert werden?
- Wie können die einzelnen Veränderungsschritte in ihrer Eigendynamik und -zeit berücksichtigt werden?
- Wie kann dem Stocken des Prozesses vorgebeugt werden? Welche Veränderungsschritte können gegebenenfalls vor- oder zurückgestellt werden?
- Welche bisherigen Lernerfahrungen zu Change-Prozessen gibt es in der Organisation?
- Wie können Spannungen, die sich aus kurz- und langfristigen Zeit- und Zielplanung ergeben können, erkannt und reguliert werden, um den Prozess nicht ins Stocken geraten zu lassen?
- Wie können Fortschritte sichtbar gemacht werden und wie lassen sich Rückmeldungen und Erkenntnisse zu (zeitlichen) Abfolgen und Planungen systematisch einbinden?
- Wie könnten kurzfristige Erfolge transparent gemacht werden, um sie für den Lernprozess der Beteiligten zu nutzen?

5.4 Organisationskulturen gestalten und beeinflussen

Die Gesetzmäßigkeiten der Strukturdeterminiertheit und der operationalen Schließung (vgl. Abschn. 4.2) haben die logische Konsequenz, dass Veränderungen auf formaler Ebene immer auch Effekte – gewollte und ungewollte (emergente) – auf informeller Ebene einer Organisation haben. Mit anderen Worten ausgedrückt: Geschehnisse, Entwicklungen und Bedeutungszusammen-

5.4 Organisationskulturen gestalten und beeinflussen

hänge werden von Organisationsmitgliedern immer auch informell gedeutet und konstruiert. Und dies lässt sich in der Regel nicht formal steuern. Solche Erklärungs- und Ursachenzuschreibung haben eine zentrale Bedeutung für das Verhalten in Organisationen. Sie verfestigen sich häufig in den Elementen der Organisationskulturen und beeinflussen das Denken, die Einstellungen und die Handlungssysteme von Mitarbeitenden. In ihrer Funktion, auf einen Sachverhalt wertend zu reagieren, steuern Organisationskulturen die Informationsverarbeitung innerhalb der Organisation (Kühl, 2018, S. 9 ff.). Selbstreferenziell neigen Organisationen dazu, aktiv nach Informationen, Wahrnehmungen und Erinnerungen zu suchen, die ihre eigenen Einstellungen bestätigen bzw. unterstützen. Informationen, die nicht in die Erfahrungsmuster von Menschen passen, werden häufig nicht registriert, zurückgewiesen oder umgedeutet.

Es ist hierbei wichtig zu verstehen, dass Organisationen diese **informellen Anpassungen** häufig vornehmen, um situationsangemessen handlungsfähig zu bleiben. Es ist die Flexibilität auf dieser Ebene, die nicht selten das formale Regelwerk ausgleicht und eine Ordnung schafft, wenn diese strukturell nicht ausreichend gegeben werden kann bzw. den alltagspraktischen Wirklichkeiten widerspricht. Und Organisationen benötigen diese Regulation auch, „um Aufgaben zu erfüllen, die sich mit den offiziellen Zielen allein nicht abdecken oder gar nicht in offizielle Stellenbeschreibungen einfüllen lassen. Sie brauchen es auch, um mit widersprüchlichen Erwartungen umgehen zu können. (…) In der Praxis bedeutet dies, dass Organisationsmitglieder ständig zwischen der formalen und der informalen Sphäre hin und her wechseln" (Schreyögg & Geiger, 2016, S. 297).

Dass solche emergenten Prozesse in der Organisationskultur (vgl. Abschn. 2.2.3) im Rahmen eines systemtheoretischen Steuerungsverständnisses nicht vernachlässigt werden dürfen, steht außer Frage (Schreyögg & Geiger, 2016, S. 297 ff.). Es ist jedoch gerade der systemtheoretische Blick auf Organisationen, der Perspektiven und Erklärungsansätze anbietet, um die „Funktionalität des Informellen einzufangen und in seinem Wechselspiel mit dem Formellen zu erfassen". Denn „erst dann kann auch der informale Bereich funktional verankert und einer Erklärung zugänglich gemacht werden, die über einen Störungsbefund hinausgeht. Erst auf diesem Wege lässt sich zeigen, dass die formale Ordnung trotz des Ordnungsmonopols eben nur eine Teilordnung ist, und dass Organisationen wegen der Unsicherheit und Ambiguität zur effektiven Leistungserfüllung und Bestandssicherung zusätzlicher inoffizieller Regelsysteme bedürfen" (Schreyögg & Geiger, 2016, S. 297). Bei der Beeinflussung von Organisationskulturen muss es deshalb darum gehen, das „Geflecht von Handlungen und Symbolen zu entschlüsseln, und zwar in einer untersubjektiv **nachvollziehbaren Art und Weise**" (Schreyögg & Geiger, 2016, S. 329–330).

Aufgrund dessen werden die Wandlungsprozesse, die einer strategischen Planung bedürfen und klassisch Lernprozessen zweiter und dritter Ordnung folgen, in einem systemischen Verständnis von Organisationen von den Veränderungs- und Lernprozessen der Organisationskultur unterschieden: „Strategie und Kultur werden so im Kontext der Veränderung parallel in den Blick genommen". Eine Organisationskultur entwickelt sich auch immer weiter, und dies sollte berücksichtigt werden. Die Veränderungen erfolgen jedoch nicht „durch direkte Steuerung und auch nicht durch ein ‚geniales' Change Management" (von Reith & Wimmer, 2014, S. 153). Wichtig ist es daher, die Einflüsse der Organisationskultur auf die angestrebten Veränderungsmaßnahmen immer zu reflektieren. Grunwald drückt es treffend aus, wenn er schreibt: „Zentral für die Gestaltung von Organisationskulturen ist es, die Grenzen der Veränderbarkeit von Organisationskulturen als die Grenzen organisationalen Wandels prospektiv und kontinuierlich zu reflektieren, ohne sich von ihnen paralysieren zu lassen. Organisationskulturen sind nicht instrumentalisierbar, aber dennoch offen für soziokulturelle Lernprozesse und dadurch auch in gewisser Weise veränderbar und entwicklungsfähig" (Grunwald, 2018d, S. 235–236).

Die **Aufgabe einer Führungskraft** besteht darin, die einzelnen Sichtweisen, Interpretationsvarianten und Deutungsmöglichkeiten sowie Konflikte sichtbar zu machen. Je starrer eine Organisation ist und je stärker Hierarchien vorherrschen, desto schwerer ist es allerdings, genau das zu tun. Vielmehr muss es darum gehen, eine kommunikationsfördernde Atmosphäre zu schaffen, in der ein Klima der Offenheit und des Vertrauens herrscht (vgl. Abschn. 3.3.3). Nur wenn alle Sichtweisen transparent sind, können diese in Verbindung gebracht werden, kann etwas Neues entstehen. Und nur dann kann man die Dynamik des Neuen auch verstehen. Denn „das Ganze ist mehr als die Summe seiner Teile".

Es ist dabei auch notwendig, **Konflikte,** die damit verbunden sein können, transparent zu machen. Ein Konflikt ist nichts anderes als die Kollision unterschiedlicher Sichtweisen in einem Gesamtsystem. Jeder hat seine eigene Sicht. Sinn und Zweck dieser kommunikationsfördernden Maßnahmen ist es, dass ein Einvernehmen zwischen Mitarbeitenden einer Organisation erzeugt wird. „Diese gemeinsamen Erfahrungshintergründe zwingen alle, die divergierenden Interessen anderer Teilnehmer zu berücksichtigen und die Auswirkungen der eigenen Handlungen darauf zu bedenken. (…) Dadurch können Interpretationsaufwand und das Risiko eines Dissenses so weit reduziert werden, dass es durch Verständigung zu einer Fiktion eines Konsenses kommen kann (…)" (Kühl, 2017b, S. 22). Denn Kommunikation in der dreifachen Selektion von Information, Mitteilung

5.4 Organisationskulturen gestalten und beeinflussen

und Verstehen ist häufig von Missverständnissen und Konflikten geprägt. Dass eine Information beim Empfänger so ankommt, wie sie der Sender sendete, ist nahezu ausgeschlossen. Der Empfänger konstruiert die Nachricht immer vor dem Hintergrund vergangener Erfahrungen. Gelingende Kommunikation setzt daher vieles voraus, nicht zuletzt eine stärkere Lösungsorientierung als eine Problemorientierung. Wirklichkeiten werden im gemeinsamen Dialog konstruiert, sodass durch die Vielfalt der Perspektiven eine neue Lösungskompetenz entstehen kann. Denn es nützen alle Versuche der Verständigung nichts, wenn dabei nicht auch gemeinsam nach Lösungen gesucht wird, die dann wiederum Handlungssysteme zur Folge haben können.

Im bewussten Wahrnehmen dieser Kommunikationsprozesse (auf informeller Ebene) muss es darum gehen, sich über differierende Auffassungen auszutauschen, zu verständigen. Folgende Fragen können dabei helfen, differierende und zu starre Denkweisen in Organisationen zu erkennen (Kühl, 2017b):

- Welche (Grund-)Auffassungen lassen sich bei den Mitarbeitenden erkennen?
- Dürfen diese offen angesprochen werden?
- Welche Auffassungen passen zueinander? Welche können nicht parallel in einer Organisationskultur bestehen?
- Welche Interessen unterstellen sich die Mitarbeitenden untereinander?
- Welche Routinen in der Einrichtung versperren den Blick für Veränderungen?
- Vor welchen Gedanken fürchten sich (einzelne) Mitarbeitende?
- An welchen Punkten widersprechen sich Kommunikations- und Handlungssysteme?

Abschließend ist festzuhalten, dass die Gestaltung der Organisationskultur in der Regel die Grenzen der Organisation überschreitet. Konsequenterweise schließen sich Fragen zur Kooperationsgestaltung an: „In der Sozialen Arbeit gibt es vielfach gravierende Unterschiede in der jeweiligen Identität, Organisationskultur und Marketingpositionierung zwischen Ämtern, wohlfahrtsverbandlichen Trägern und erwerbswirtschaftlich ausgerichteten Trägern sowie zwischen Einrichtungen sehr verschiedener Größe. Dies hat für die einzelnen Organisationen erhebliche Konsequenzen bezüglich der strategischen Planungen im Spannungsfeld von lang- oder kurzfristiger Zusammenarbeit, kontinuierlichem oder punktuellem fachlichen Austausch und mehr oder weniger harter Konkurrenz sowie deren konkreter Ausgestaltung" (Grunwald, 2018d, S. 236). Auf diese Spannungsverhältnisse und die Konsequenzen für die Kooperations- und Netzwerkprozesse von sozialen Einrichtungen wird im nächsten Kapitel eingegangen.

Literatur

Bauer, G. (2013). *Einführung in das systemische Sozialmanagement*. Carl Auer.
Glatzel, K., & Wimmer, R. (2014). Strategieentwicklung in Theorie und Praxis. In R. Wimmer, J. Meissner, & P. Wolf (Hrsg.), *Praktische Organisationswissenschaft. Lehrbuch für Studium und Beruf* (S. 241–266). Carl Auer.
Grunwald, K. (2018a). Organisationsentwicklung/Change Management in und von sozialwirtschaftlichen Organisationen. In K. Grunwald & A. Langer (Hrsg.), *Sozialwirtschaft. Handbuch für Wissenschaft und Praxis* (S. 333–355). Nomos.
Grunwald, K. (2018b). Management sozialwirtschaftlicher Organisationen zwischen Steuerungsskepsis, Dilemmatamanagement und Postheroischer Führung. In K. Grunwald & A. Langer (Hrsg.), *Sozialwirtschaft. Handbuch für Wissenschaft und Politik* (S. 371–390). Nomos.
Grunwald, K. (2018c). Qualitätsmanagement in der Sozialwirtschaft. In K. Grunwald & A. Langer (Hrsg.), *Sozialwirtschaft. Handbuch für Wissenschaft und Praxis* (S. 617–635). Nomos.
Grunwald, K. (2018d). Organisationen aus sozialwissenschaftlicher Perspektive. In K. Grunwald & A. Langer (Hrsg.), *Sozialwirtschaft. Handbuch für Wissenschaft und Praxis* (S. 223–238). Nomos.
Kühl, S. (2016). *Strategien entwickeln. Eine organisationstheoretische informierte Handreichung*. Springer VS.
Kühl, S. (2017a). *Leitbilder erarbeiten. Eine kurze organisationstheoretisch informierte Handreichung*. Springer.
Kühl, S. (2017b). *Laterales Führen. Eine kurze organisationstheoretisch informierte Handreichung*. Springer VS.
Kühl, S. (2018). *Organisationskulturen beeinflussen*. Springer.
Kneer, G., & Nassehi, A. (2000). *Nikals Luhmanns Theorie sozialer Systeme*. UTB.
Lambers, H. (2017). Ein systemtheoretisch reflektiertes Managementmodell für die Soziale Arbeit und die Sozialwirtschaft. In A. Wöhle & A. P. Fritze (Hrsg.), *Sozialmanagement- Eine Zwischenbilanz* (S. 141–153). Springer VS.
Langer, A. (2018). Professionalisierung und Expertise (in) der Sozialwirtschaft. In K. Grunwald & A. Langer (Hrsg.), *Sozialwirtschaft. Handbuch für Wissenschaft und Praxis* (S. 841–857). Nomos.
Luhmann, N. (1973). *Zweckbegriff und Systemrationalität*. Suhrkamp.
Malik, F. (2013). *Management. Das A und O des Handwerks*. Campus.
Merchel, J. (2005). *Organisationsgestaltung in der Sozialen Arbeit: Grundlagen und Konzepte zur Reflexion*. Juventa Verlag.
Renoldner, C., Scala, E., & Rabenstein, R. (2014). *einfach systemisch! Systemische Grundlagen & Methoden für Ihre pädagogische Arbeit*. Ökotopia Verlag.
Schreyögg, G., & Geiger, D. (2016). *Organisation. Grundlagen moderner Organisationsgestaltung. Mit Fallstudien*. Springer.
Senge, P. (2017). *Die fünfte Disziplin*. Klett-Cotta.
Simon, F. B. (2011a). *Einführung in die Systemtheorie und Konstruktivismus*. Carl-Auer.
Simon, F. B. (2011b). *Einführung in die systemische Organisationstheorie*. Carl Auer.

von Reith, F., & Wimmer, R. (2014). Organisationsentwiklucng und Change-Management. In R. Wimmer, J. O. Meissner, & P. Wolf (Hrsg.), *Praktische Organisationswissenschaft. Lehrbuch für Studium und Beruf* (S. 139–166). Carl Auer.

Wöhrle, A. (2019). Sozialmanagement und Management in der Sozialwirtschaft. In A. Wöhrle, R. Beck, K. Grunwald, K. Schellberg, & W. Schwarz (Hrsg.), *Grundlagen des Managements in der Sozialwirtschaft* (S. 179–218). Nomos.

Literatur zur Vertiefung

Glatzel, K., & Wimmer, R. (2014). Strategieentwicklung in Theorie und Praxis. In R. Wimmer, J. Meissner, & P. Wolf, *Praktische Organisationswissenschaft. Lehrbuch für Studium und Beruf* (S. 241–266). Carl Auer.

Grunwald, K. (2018). Organisationsentwicklung/Change Management in und von sozialwirtschaftlichen Organisationen. In K. Grunwald & A. Langer, *Sozialwirtschaft. Handbuch für Wissenschaft und Praxis* (S. 333–355). Nomos.

Kühl, S. (2016). *Strategien entwickeln. Eine organisationstheoretische informierte Handreichung.* Springer VS.

Kühl, S. (2018). *Organisationskulturen beeinflussen.* Springer.

Systemische Vernetzung von sozialen Organisationen

6

> **Lernziel** Ziel dieses Kapitels ist es Ihnen aufzuzeigen, weshalb Kooperations- und Vernetzungsprozesse in der Sozialen Arbeit so eine große Rolle spielen und welche politischen Steuerungslogiken hiermit verbunden sind. Es soll Ihnen darüber hinaus grundlegend vermittelt werden, welche Unterschiede Kooperationen und Netzwerke prägen und welche Interdependenzen und Gelingensbedingungen für Kooperationen benannt werden können. Ein weiteres wichtiges Lernziel ist es zudem zu verstehen, welche Führungsaufgaben im Rahmen von Kooperationen und Netzwerken systemtheoretisch reflektiert benannt werden können. Abschließend wird Ihnen erläutert, welche Bedeutung Machtprozesse und Hierarchien im Rahmen von Kooperationen und Netzwerken haben, und in welchem Organisationsmodell sich aus systemtheoretischer Sicht am besten damit umgehen lässt. Zudem werden Ihnen die Gelingensbedingungen gelebter Kooperation erläutert, die sich aus einer systemtheoretischen Reflexion heraus benennen lassen.

6.1 Zur Notwendigkeit von Vernetzung und Governance im sozialen Sektor

Vernetzungs- und Kooperationsprozesse sind in der Sozialen Arbeit ein professionelles Selbstverständnis. Soziale Arbeit war noch nie eine Frage anonymer zentralstaatlicher Steuerung (Hinte, 2006). Soziale Hilfen werden vielmehr im sozialen Raum geleistet und finden in der konkreten Lebenswelt von Menschen statt. Der **Erfolg sozialer Hilfen** ist oft nur im Wechselspiel sozialer Einrichtungen möglich (Reutlinger, 2009). Dies hat für eine professionelle Soziale Arbeit zur Folge, dass fragmentarisierendes Zuständigkeitsdenken zugunsten dauerhafter Formen der Zusammenarbeit weitestgehend überwunden werden muss. Kooperationen zwischen Organisationen haben den Zweck, ihre organisationalen Handlungen aufeinander abzustimmen. Ein solch dezentralisiertes Verständnis sozialer Hilfen darf jedoch nicht in Zustände „organisierter Unverantwortlichkeit" abgleiten (Burmester, 2011). Vielmehr braucht es Verfahren sozialpolitischer Verantwortlichkeiten und Legitimationen sowie kooperativer Abstimmungsverfahren zwischen sozialen Organisationen (Luthe, 2009; Grunwald, 2018; Vilain, 2018a).

Vernetzungs- und Kooperationsprozesse haben in den letzten Jahren sogar noch an Bedeutung gewonnen. Neben der Notwendigkeit von Kooperationen im Rahmen sozialer Hilfen ist dies vor allem vor dem Hintergrund von **Regierungs- und Sozialstaatsreformen** zu erklären. Der beschriebene Umbau des Sozialstaates (vgl. Abschn. 1.2) stellt die Akteure auf kommunaler Ebene und im sozialen Nahraum vor neue Herausforderungen: „Aktivierende Sozialpolitik, Bürgergesellschaft und Bürgerkommune, Inklusion und sorgende Gemeinschaften, Kommunalisierung von Aufgaben, all diese Konzepte und Prozesse konfrontieren die Kommunalverwaltung nicht nur mit ökonomisch-betriebswirtschaftlichen Fragen, sondern fordern sie neuerdings auch heraus, neue sozial-, gesellschafts- wie gerechtigkeitspolitische Antworten auf die durch globale Entwicklungen verursachten lokalen Veränderungen und Transformationsprozesse zu entwickeln" (Dahme & Wohlfahrt, 2018, S. 155).

Im Zusammenhang mit diesen neuen Steuerungsstrategien wird auch häufig das Stichwort **„Governance"** genannt. Lokale Governance-Ansätze haben das „Ziel, die Kommune und die örtlichen Akteure (ganz im Sinne der neuen aktivierenden Sozialstaatlichkeit) zu mehr Eigenverantwortung zu aktivieren und Ansätze für eine eigenverantwortliche lokale Problembearbeitung zu generieren" (Dahme & Wohlfahrt, 2018, S. 155). Dabei steht die Frage im Vordergrund, ob und wie lokale Akteure zusammenarbeiten können, „ohne dass formale Strukturen existieren, die dieses Zusammenwirken regeln" (Fürst, 2007, S. 356–357).

Die Pflicht zur Vernetzung von sozialen Hilfen ist in der Regel auch **gesetzlich** verankert. Ein Beispiel ist dabei die Vernetzung in der Kinder- und Jugendhilfe. So heißt es im § 81 des 8. Sozialgesetzbuches:

> „Die Träger der öffentlichen Jugendhilfe haben mit anderen Stellen und öffentlichen Einrichtungen, deren Tätigkeit sich auf die Lebenssituation junger Menschen und

6.1 Zur Notwendigkeit von Vernetzung und Governance im sozialen Sektor

ihrer Familien auswirkt, insbesondere mit 1. den Trägern von Sozialleistungen nach dem Zweiten, Dritten, Vierten, Fünften, Sechsten und dem Zwölften Buch sowie Trägern von Leistungen nach dem Bundesversorgungsgesetz, 2. den Familien- und Jugendgerichten, den Staatsanwaltschaften sowie den Justizvollzugsbehörden, 3. Schulen und Stellen der Schulverwaltung, 4. Einrichtungen und Stellen des öffentlichen Gesundheitsdienstes und sonstigen Einrichtungen und Diensten des Gesundheitswesens, 5. den Beratungsstellen nach den §§ 3 und 8 des Schwangerschaftskonfliktgesetzes und Suchtberatungsstellen, 6. Einrichtungen und Diensten zum Schutz gegen Gewalt in engen sozialen Beziehungen, 7. den Stellen der Bundesagentur für Arbeit, 8. Einrichtungen und Stellen der beruflichen Aus- und Weiterbildung, 9. den Polizei- und Ordnungsbehörden, 10. der Gewerbeaufsicht und 11. Einrichtungen der Ausbildung für Fachkräfte, der Weiterbildung und der Forschung im Rahmen ihrer Aufgaben und Befugnisse zusammenzuarbeiten."

Dieses rechtliche Beispiel aus der Jugendhilfe zeigt, wie verpflichtend die Zusammenarbeit mit relevanten Umweltsektoren ist. In diesen wird in der Regel über die Rahmenbedingungen entschieden, an welchen Organisationen sich ihre Ausrichtungen und Handlungsprogramme orientieren müssen. Wenn soziale Organisationen in diesem Sinne nicht anschlussfähig und offenbleiben für alle Formen der Zusammenarbeit, können die Ansprüche, die im Rahmen der gesetzlichen und fachlichen Vorgaben an sie gestellt werden, in der Regel nicht mehr angemessen wahrgenommen werden.

Deutlich erkennbar ist dieses stärkere Bewusstsein für die Notwendigkeit zur professionellen Vernetzung an den praktischen und fachlichen Entwicklungen der **„Sozialraumorientierung"**. In den Konzepten zur Sozialraumorientierung wird in Frage gestellt, ob sich Probleme des Einzelnen durch Einzelfallhilfen lösen lassen und ob professionelle Hilfe überhaupt Hilfe zur Selbsthilfe leisten kann (Spatscheck, 2009). In der Konsequenz dieses kritischen Blicks der Sozialen Arbeit auf sich selbst wurde versucht, alte Konzepte (Gemeinwesenarbeit, Empowerment, Theorie des sozialen Kapitals, Konzepte der lernenden Organisation, Aspekte der neuen Steuerung und Theorie der Lebensweltorientierung) wirkungsvoll miteinander zu verknüpfen (Früchtel et al., 2013), um die beiden Hilfeparadigmen (Umweltbezug und Problembezug) zu verbinden und damit die klassische Dichotomie von Prävention und Intervention, von Fall- und Gemeinwesenarbeit und von Profisystem und Zivilgesellschaft aufzuheben (Früchtel et al., 2013, S. 34). Für die Organisationen der Sozialen Arbeit geht es mit der Sozialraumorientierung um die konstruktive „Gestaltung der Beziehungen zwischen Organisation und Umwelt", um die „Erwartungen unterschiedlichster Stakeholder mit den dahinterstehenden Logiken von Markt, Staat und drittem Sektor zu berücksichtigen und produktiv zu verarbeiten (…)" (Grunwald, 2018, S. 378).

Das Management sozialer Einrichtungen ist heute mehr denn je auf eine sozialraumorientierte Abstimmung und auf eine milieubezogene Sozialpolitik und Infrastruktur angewiesen. Hieraus folgt ein ebenso komplexes wie integriertes Aufgabenverständnis von sozialen Hilfen, die im Rahmen eines Sozialmanagements organisiert werden müssen. Die Notwendigkeit dazu lässt sich an einem simplen **Beispiel** verdeutlichen: Für einen Jugendlichen, der übergewichtig ist, Haltungsschäden und Sprachkompetenzdefizite hat, ohne Schulabschluss und Lehrstelle dasteht, dessen alleinerziehende Mutter Arbeitslosengeld II bezieht, und der mit seiner Familie in einem Plattenbau der 70er-Jahre lebt, sind leicht fünf oder sechs kommunale Ämter sowie die Agentur für Arbeit zuständig. Dies führt bildhaft vor Augen, dass Hilfen „in wohlfahrtspluralistischen Arrangements immer stärker in einem Mix aus Eigeninitiative der primär Betroffenen, privaten Unterstützungsleistungen informeller Netze, staatlichen Unterstützungsleistungen, beruflich erbrachten Dienstleistungen öffentlicher, freier oder privat-gewerblicher Träger sowie freiwilligem Engagement erbracht werden" (Grunwald, 2018, S. 378) müssen. Es ist daher eine wichtige Aufgabe von Organisationen der Sozialen Arbeit tragfähige Kooperations- und Netzwerkstrukturen untereinander aufzubauen.

Kritisch festzustellen ist jedoch, dass die Reflexion vieler Vernetzungs- und Kooperationsprozesse in der Praxis der Sozialen Arbeit von rudimentären, fehlenden theoretischen Vorstellungen geprägt ist. Ausgegangen wird oftmals von einer Führungskraft, die über Kooperationsprozesse entscheiden kann und Vernetzungen steuert. Vilain weist darauf hin, dass dies gerade im Non-Profit-Bereich der Sozialwirtschaft schwierig ist. Er argumentiert, warum die Vernetzungsprozesse im sozialen Sektor häufig emergent, zufällig und komplex sind: „So sind die vertikalen Strukturen häufig durch einen dezentralen, subsidiären Aufbau und fehlende Durchgriffsrechte höherer Verbandseinheiten gekennzeichnet, während die horizontalen Strukturen enge Verflechtungen mit unterschiedlichen Stakeholdern (z. B. Lokalpolitik, Behörden, lokale Arbeitsgemeinschaften der Wohlfahrtspflege) und dem sozialen Umfeld aufweisen. Die Eigenwilligkeit ehrenamtlicher Mitarbeiter und umfassende betriebliche Mitbestimmungsregelungen tun ein Übriges (…). Darüber hinaus sind die Beziehungen zu zentralen Anspruchsgruppen nicht selten stark personengebunden und entziehen sich insofern der langfristigen Planung Dritter" (Vilain 2018, S. 450). Es bietet sich daher auch bei Vernetzungs- und Kooperationsprozessen an, diese systemtheoretisch zu reflektieren.

6.2 Lern- und Steuerungsanforderungen

Um Kooperationen und Vernetzungsprozesse im Management sozialer Einrichtungen systemtheoretisch reflektieren zu können, ist es zunächst wichtig, sich die **Unterschiede zwischen Kooperationen und Netzwerken** vor Augen zu führen. So werden Kooperationen als Formen sozialer Interaktion aufgefasst, in der Personen, Gruppen bzw. Organisationen zusammenarbeiten, aufeinander reagieren und sich dadurch gegenseitig beeinflussen bzw. steuern. Netzwerke umfassen in der Regel deutlich mehr Partner, die ihre Zielvorstellungen und Vereinbarungen weitaus flexibler und offener gestalten, als dies zwischen zwei Partnern im Rahmen einer Kooperation der Fall ist. Netzwerke sind somit Voraussetzungen für Kooperationen, da sie grundsätzlich über die Möglichkeit verfügen, Kooperationen zu aktivieren, wenn der Bedarf da ist. Kooperationen treffen Vereinbarungen und überwachen deren Einhaltung selbst. Netzwerke haben im Gegensatz hierzu eine Steuerung, die partnerübergreifend ist (Luthe, 2009).

Aus systemtheoretischer Sicht ist die Steuerung von Vernetzungsprozessen ein komplexes Unterfangen. Denn die Öffnung von Organisationen für ihre Umweltanforderungen und Kooperationen ist für die intraorganisationalen Zusammenhänge nicht ganz unproblematisch. Hierzu wurde bereits erläutert, wie Organisationen ihre „Eigengesetzlichkeiten" in Form von Organisationskulturen aufbauen, innerhalb derer sie interne und externe Vorgänge interpretieren (vgl. Abschn. 2.2.2 und 2.2.3). Organisationen müssen sich daher (bewusst) für äußere Einflüsse öffnen. Angesichts der Tatsache, dass Organisationen Strukturen gebildet haben, um sich gegenüber den Veränderungen der Umwelt abzugrenzen und Routinen aufrechtzuerhalten, bedeutet die Öffnung für die jeweiligen Organisationen zunächst einmal die Herstellung einer **Destabilisierung.** Denn dies hat immer etwas mit der Entwertung von bereits gelernten Routinen zu tun (Merchel, 2005). Zudem können „zwischen Organisationen, die eine je eigene Organisationslogik aufgebaut haben, (…) strukturell bedingte Kommunikationshindernisse (bestehen), die möglicherweise durch Konkurrenzen verstärkt werden" (Merchel, 2015, S. 237).

Daher entstehen wechselseitige organisationale Lernprozesse in der Abhängigkeit von zwei miteinander zusammenhängenden Bedingungen: Einerseits müssen Lernvorgänge angestoßen bzw. ermöglicht werden. Andererseits muss eine Organisationskultur vorhanden sein, die durch ein grundsätzlich offenes und reflexionsförderndes Klima geprägt ist. Dabei ist es wichtig, gegenseitige Irritationen zu erlauben. Denn die Handlungsabläufe der jeweilig anderen Organisation stellen Umweltbedingungen und -abläufe dar, mit denen sich die beteiligten Akteure vertraut machen müssen. Die Etablierung eines Kooperations- und Vernetzungsmanagements fordert gemeinsame Entwicklungs- und Lernprozesse, sodass die Einrichtungen nicht nur in der eigenen Organisationskultur die Balance von Veränderung und Stabilität bewältigen müssen. Im Zentrum sollte der gemeinsame Lernprozess stehen, der im Rahmen **gemeinsam angelegter Kommunikations- und Reflexionsräume** gesteuert wird, und strukturell bedingte Kommunikationshindernisse zu regulieren versucht. Organisationen stehen damit vor der Herausforderung, die eigenen organisationskulturellen Muster mit den jeweils anderen organisationskulturell vorherrschenden Abläufen und Handlungslogiken zu verbinden.

Dies impliziert, dass ein grundsätzliches Bewusstsein für die wechselseitigen Interdependenzen vorhanden ist. Es werden hierbei drei Arten von Interdependenzen unterschieden, die unterschiedliche Konsequenzen für die Kooperation haben (Spieß & Rosenstiel, 2010):

- Die **Aufgabeninterdependenz** beschreibt die Notwendigkeit der Zusammenarbeit in Bereichen, die beide Organisationen betreffen. Sie ist die Grundlage für die Zusammenarbeit, da sich hieraus die Notwendigkeit bzw. der Bedarf der Kooperation ergibt.
- Aus der Aufgabeninterdependenz ergibt sich die **Ergebnisinterdependenz**. Sie beschreibt die Abhängigkeit vom Ergebnis des gemeinsamen Arbeitsbereiches. Die erwarteten Ergebnisse stellen in der Regel auch den Antrieb bzw. die Motivation für das Kooperationsprojekt dar. Über Aufgaben und Ergebnisse wird sich im Laufe der Kooperation wechselseitig Rückmeldung gegeben.
- Hieraus ergibt sich die **Feedbackinterdependenz,** die wechselseitige Rückmeldung über den Arbeitsprozess. Hierin ist der Ausgangspunkt für individuelles und organisationales Lernen zu sehen.

Aus systemtheoretischer Sicht ist dabei eine grundlegende **Offenheit** für die wechselseitigen Aufgabenbereiche sehr wichtig. Hierbei sind besonders die Ergebnis- und die Feedbackinterdependenz zu nennen, da sie die Grundlage für die dauerhafte Motivation der Zusammenarbeit darstellen (Spieß & Rosenstiel, 2010). Denn nur durch Offenheit und Selbstbestimmung können sich die autopoetischen Systeme der in Kooperation stehenden Organisationen füreinander öffnen.

Aufgrund der Doppelperspektive von inter- und intraorganisatorischen Anforderungen ist das Management von Kooperationen auf strategischer Ebene sinnvoll. Daher muss das strategische **Management von Kooperation durch**

6.2 Lern- und Steuerungsanforderungen

eine grundlegende **Prozessorientierung** geprägt sein und reflexiv gesteuert werden (Miller, 2005). Es geht darum, dass jede der beteiligten Organisationen den angestrebten Lernprozess für eine gelingende Vernetzung für sich *und* gemeinsam mit der kooperierenden Organisation bewältigen. Aus systemtheoretischer Sicht führt demnach nicht ein technisch-instrumentelles Steuerungsbemühen zu tatsächlich gelebten Vernetzungen. Kontrolle und Autorität wird durch wechselseitige Beratung und Selbstbestimmung ersetzt, wechselseitige Anstöße zur Zusammenarbeit führen zu Austausch- und Aushandlungsprozessen.

Empirische Forschungen zur Steuerung von Vernetzungsprozessen geben zu erkennen, dass die Funktionsfähigkeit von Kooperationen in besonderer Weise von den vorhandenen Management- und Steuerungskompetenzen und damit von den handelnden Personen abhängt (Luthe, 2009; Miller, 2005; Rahnfeld, 2014). **Führungskräfte** und mit ihnen Organisationskulturen, die eine Offenheit für Lernprozesse und Veränderungen zulassen, bringen unvermeidlich eine Eigendynamik und eine damit verbundene Unkalkulierbarkeit der Prozesse mit. Leitungskräfte müssen diese Unkalkulierbarkeit organisationaler Lernprozesse akzeptieren und sich deshalb umso mehr bemühen, diese Prozesse gut zu beobachten, sie „zum Gegenstand organisationsinterner Kommunikationsprozesse zu machen, [um] die Verarbeitung der daraus entstehenden Impulse wiederum zum Gegenstand von Beobachtung und Reflexion zu machen" (Merchel, 2005).

Treffend drückt es Merchel zusammenfassend aus, wenn er schreibt: „Zum Gelingen von interorganisationalen Kooperationsbezügen bedarf es des Bemühens um Anschlussfähigkeit der Kommunikation, der personellen Kontinuität, der bewussten Ankopplung der interorganisationalen Kommunikation an die eigene Organisation sowie der Beobachtung und Bearbeitung von Loyalitätskonflikten" (Merchel, 2015, S. 237). Ziel sollte es sein, eine **„Kultur gemeinsamer Verantwortung"** zu etablieren, in der nicht nur Beziehungsstrukturen und die Verhaltenserwartungen der Beteiligten geklärt sind. Es sollte auch um „gemeinsame Interpretationen und Symbole" gehen. Und „dies findet seinen Ausdruck in Präferenzen für Formen des Umgangs, gemeinsame Normen sowie institutionelle Rituale" (Schubert, Netzwerkorientierung in Kommune und Sozialwirtschaft. Eine Einführung, 2018, S. 51).

Im Fazit bleibt festzuhalten, dass sich eine gelingende Kooperation mit anderen Organisationen nicht von selbst ergibt. Es benötigt hierzu ein „aktives und reflektiertes Managementhandeln" (Merchel, 2015, S. 237). Um dies zu verwirklichen, benötigen Führungskräfte eine **Haltung,** die den Organisationsmitgliedern hilft, ihren grundsätzlichen Widerstand vor Veränderungen und die damit verbundenen Lernprozesse zu bewältigen. Dies setzt voraus, dass sie sich die mit den Lernprozessen verbundenen Unsicherheiten eingestehen und sich selbst als Teil des Lernprozesses begreifen. Sie müssen also selbst die angestrebten Veränderungen leben (Simon, 2019).

6.3 Zum Umgang mit Macht und Hierarchien in Kooperationen und Netzwerken

Hierarchische Über- und Unterordnungen sowie damit verbundene **Machtbeziehungen** spielen **in Kooperationen** in der Regel auch eine Rolle, denn infolge sowohl des Organisations- als auch des Umweltbezuges werden die gewohnten Hierarchiezusammenhänge ausgehebelt. Wie dargestellt (vgl. Abschn. 3.3.1), ist Macht in der Regel ein prozessuales Systemelement, das sich je nach Akteurszusammenstellung immer wieder verändern kann. Kooperationen, verstanden als soziale Interaktionen, können nie losgelöst von den organisationskulturellen Strukturen der Akteure betrachtet werden. Das heißt, bei einer hierarchisch strukturierten Organisation ist immer auch ein hierarchisches Verhältnis zwischen den sich in der Interaktion befindenden Organisationsvertreter und Organisationsvertreterinnen gegeben. Erinnern wir uns an die beschriebenen Rahmenbedingungen in der Sozialwirtschaft: Soziale Einrichtungen stehen heute häufig in einer „Koopkurrenz" (2015): Kooperationsanforderungen und Konkurrenzbedingungen herrschen oftmals gleichzeitig und zu gleichen Teilen zwischen sozialen Organisationen vor. Kooperationen sind daher auch immer Orte von Kräfteverhältnissen, die durch Machtbeziehungen gekennzeichnet sind (vgl. Abschn. 1.4). Miller (2005) geht in ihren Ausführungen sogar so weit, dass sie Kooperations- und Netzwerkzusammenhänge als „Orte der Macht und Machtinszenierung" (S. 119) bezeichnet. Typische Machtinstrumente können dabei beispielsweise strukturell verankerte Ungleichgewichte, Zurückhaltung von Informationen und/oder unreflektierte gegenseitige Machtzuschreibungen sein (ebd.).

Aufgrund vorherrschender systemimmanenter Unterschiede von Organisationen sollten Kooperationen dadurch gekennzeichnet sein, dass sie **keine Über- und Unterordnungsverhältnisse** aufweisen, sondern möglichst auf Basis einer Gleichrangigkeit agieren. Hierzu gibt es unterschiedliche Organisationsmodelle. Eines davon ist die Heterarchie, das Gegenmodell zur Hierarchie. In der Regel verläuft die heterarchische „Koordination quer über mehrere Funktionsbereiche hinweg" und schließt an hierarchische Strukturen der kooperierenden Organisationen an. Dies birgt den Vorteil, dass die Kooperationen diagonal strukturiert werden können, die Koordination quer zu den Funktionsbereichen der beteiligten Organisationen verläuft und sich an deren hierarchische

6.3 Zum Umgang mit Macht und Hierarchien in Kooperationen …

Strukturen anschließt. Kooperationen und Netzwerke können weiterhin auch „vertikal durch eine zentrale hierarchische Koordinationsagentur strukturiert werden" (Schubert, 2018, S. 66).

Heterarchie steht für Selbststeuerung und Selbstbestimmung und betont dezentrale und „Bottom-up"-Entscheidungen. Sie kann somit als das Ideal einer nicht hierarchisch organisierten Verbindung von Organisationen bzw. Organisationselementen aufgefasst werden (Delfmann, 1998). Das Weisungsprinzip einer Hierarchie wird in einer Heterarchie durch ein Verhandlungsprinzip abgelöst. Damit wird Koordination „durch horizontale Abstimmung zwischen prinzipiell gleichberechtigten und relativ voneinander unabhängigen Entscheidungsträgern erreicht (…)" (Delfmann, 1998, S. 8). Heterarchische Systeme können daher auch als Verhandlungssysteme charakterisiert werden. Das heißt, die Entscheidungen innerhalb heterarchischer Zusammenhänge werden durch wechselseitige Einigungen erreicht. „Statt Über- und Unterordnung werden horizontale Verbindungen (…) aufgebaut" (Schubert, 2018, S. 50). In diesen können sich die handelnden „Akteure auf Augenhöhe begegnen und ihre Beziehungen gegenstandsbezogen konstruktiv aushandeln" (Schubert, 2018, S. 51). Dabei sind Positionen und Rollen transparent und können „offen Gegenstand der Aushandlungsprozesse" (S. 52) sein.

Bei der Erzeugung heterachischer Zusammenhänge, wie es innerhalb von Kooperationen in der Sozialwirtschaft angestrebt werden sollte, ist daher stets darauf zu achten, dass Machtprozesse konstruktiv ausgehandelt werden. Destruktive Machtprozesse sind nur durch Transparentmachung auszuheben und auszubalancieren: Transparenz, Zugänglichkeit von Informationen und faire Konfliktregulierungsmechanismen sollten Eigenschaften sein, die eine Heterarchie in einer Kooperation kennzeichnen. Hierzu bedarf es **offener Kommunikations- sowie partizipativer Entscheidungsstrukturen** (Delfmann, 1998). Nur so können die wechselseitigen Kommunikationsstrukturen und die Rolle von Macht und Hierarchien in Netzwerken stets reflexiv beobachtet und reguliert werden. Daher sollten **Positionen und Rollenverteilungen** im Netzwerk immer wieder hinterfragt werden. Schubert gibt hierzu folgende Fragen an die Hand, die im Laufe des Prozesses immer wieder gestellt werden sollten: „Wird reflektiert, welche unterschiedlichen Positionen Akteure im Netzwerk einnehmen, die unterschiedliche Macht- und Einflusspotenziale erhalten? Gibt es formelle definierte, informelle Rollen und explizite Koordinationsrollen? Wie werden Entscheidungen getroffen? Wie werden heterarchisch entwickelte Aspekte hierarchisch angebunden? (z. B. Vorschläge des Netzwerkes. Einbringen über Verwaltung, Ratsentscheidung)?" (Schubert, 2018, S. 53).

6.4 Gelingensbedingungen gelebter Kooperationen

Ableitend lassen sich nun aus der systemtheoretischen Reflexion und aus empirischen Forschungen zu Kooperationszusammenhängen zwischen Organisationen erforderliche Bedingungen für konstruktive Zusammenarbeit formulieren (Spieß & Rosenstiel, 2010; Vilain, 2018; Schubert, 2018):

1. Es muss eine grundlegende **Vernetzungsbereitschaft und eine Offenheit** für die wechselseitig abhängigen Aufgabenbereiche zwischen den Mitgliedern der zusammenarbeitenden Organisationen bestehen. Dabei muss es wechselseitige Kommunikationsstrukturen geben, die Reflexionsprozesse ermöglichen. Das heißt, es müssen Kommunikationsräume bestehen, in denen Möglichkeiten der gemeinsamen Zielabstimmung, des Informationsaustausches, der gegenseitigen Unterstützung und konstruktiver Problemdiskussionen stattfinden können.
2. Auch bedarf es eines gewissen **Freiheitsgrades** der Kooperationsbeteiligten in der Gestaltung der Zusammenarbeit. Das heißt, die Autonomie und die Einwilligung der Kooperationspartner ist entscheidend. Es ist wichtig, dass die gegenseitige Abstimmung verschiedener Prozesse, Arbeitsabläufe bzw. Klienten, die zwei miteinander kooperierende Organisationen gemeinsam bearbeiten, verbindlich getroffen wird.
3. Gelingende Kooperationsprozesse von sozialen Organisationen leben weiterhin davon, dass es eine bewusste und planvolle Gestaltung der Zusammenarbeit gibt. Dies ist daran erkennbar, dass eine **nachhaltige und strategische Denkweise** hinsichtlich der Sorge um künftige Konsequenzen des gemeinsamen Arbeitskontextes vorherrscht. (Spieß & Rosenstiel, 2010). Hierbei geht es vor allem um richtungs- und strukturgebende Entscheidungen, die nicht gebunden an die handelnden Akteure getroffen werden. Ziel sollte es sein, auf Dauer angelegte Arbeitsbeziehungen zwischen der Organisation und ihren Kooperationspartnern zu treffen (Schubert, 2018).
4. Daher kann eine weitere Gelingensbedingung in „der Etablierung konsistenter und stabiler Verhaltensmuster sowie der Ausbildung der dazugehörigen **Strukturen und Prozesse** gegenüber den relevanten Anspruchsgruppen" (Vilain, 2018, S. 448) gesehen werden. Es geht dabei vor allem um „den Anspruch, für die lokale Politik, Verwaltung und andere gesellschaftlich relevante Akteure vor Ort Steuerungsaufgaben jenseits des rein betriebswirtschaftlichen Denkens zu formulieren und eine langfristige kommunale Gesamtstrategie entwickeln zu können" (Dahme & Wohlfahrt, 2018, S. 153).

Hierzu ist festzuhalten, dass die Verzahnung von Arbeitstätigkeiten aus den wechselseitigen Abhängigkeiten (Interdependenzen) der jeweiligen Tätigkeiten der Organisationen abgeleitet werden sollten. Denn nur so ist es möglich, die selbstreferenziellen Anteile der jeweiligen Organisationen aufeinander zu beziehen (Berghaus, 2011).

Entscheidend ist nun, dass diese Gelingensbedingungen bis in die Tiefen der Organisationsstruktur und eben auch in den informellen Feldern der Organisation gelebt werden (vgl. Abschn. 2.2.1 und 3.2). Gibt es in Organisationen normative Vorgaben zu Kooperationen, die zwar auf der Schauseite und in den Programmen der Einrichtung verankert sind, jedoch von den Mitarbeitenden nicht anerkannt werden, kann es zu „**Pseudokooperationen**" (Spieß & Rosenstiel, 2010) kommen. Pseudokooperationen sind Kooperationen, die lediglich auf dem Papier, also der Schauseite von Organisationen gelebt werden. Eine „Pseudokooperation gibt eine Gemeinsamkeit vor, die de facto nicht oder nicht mehr vorhanden ist" (Spieß & Rosenstiel, 2010, S. 49). Im Rahmen von Pseudokooperationen geben die Kooperationspartner nur vor, dass sie ein gemeinsames Anliegen haben. Dieses Phänomen lässt sich häufig bei den gesetzlich vorgeschriebenen Kooperationen beobachten. An vielen Stellen werden auf dem Papier Kooperationsverträge geschlossen, in einigen Fällen werden sogar Interdependenzen explizit benannt und Strukturen zur Zusammenarbeit festgelegt. Oftmals lässt sich jedoch beobachten, dass es kein gelebtes Zusammenarbeiten gibt. Kooperationsverträge werden häufig aus Gründen der Pflichterfüllung gegenüber dem Gesetzgeber geschlossen, ohne die Zusammenarbeit konkret zu planen (Luthe, 2009; Miller, 2005; Rahnfeld, 2014). Ohne die bewusste Reflexion solcher Kooperationssituationen besteht die Gefahr, dass sich die verzerrte Wahrnehmung als neues Anspruchsniveau etabliert und als manifest gewordene neue Realität diese und zukünftige Kooperationen maßgeblich negativ beeinflusst. Anzeichen hierfür können Merkmale sein wie fehlender wechselseitiger Austausch, oberflächliche Kommunikation, die nur noch zum Schein vollzogen wird, oder auch fehlendes Vertrauen. Oftmals liegen hierin unausgesprochene bzw. nicht ausgehandelte Konflikte der Organisationen (ebd.).

Literatur

Berghaus, M. (2011). *Luhmann leicht gemacht*. UTB.
Burmester, M. (2011). *Sozialraumbezogene Sozialplanung und Sozialberichterstattung*. von https://doi.org/10.1007/978-3-531-92874-6_23. Zugegriffen: 28. Febr. 2018.

Dahme, H.-J., & Wohlfahrt, N. (2018). Die kommunale Ebene der Sozialpolitik. In K. Grunwald & A. Langer (Hrsg.), *Sozialwirtschaft. Handbuch für Wissenschaft und Praxis* (S. 145–158). Nomos.

Delfmann, W. (1998). *Die Heterarchie als postbürokratisches Organisationsmodell der Zukunft?* Universität Köln.

Fürst, D. (2007). Regional Governance. In A. Benz, S. Lütz, U. Schimank, & G. Simonis (Hrsg.), *Handbuch Governance* (S. 353–365). VS.

Grunwald, K. (2018). Management sozialwirtschaftlicher Organisationen zwischen Steuerungsskepsis, Dilemmatamanagement und Postheroischer Führung. In K. Grunwald & A. Langer (Hrsg.), *Sozialwirtschaft. Handbuch für Wissenschaft und Politik* (S. 371–390). Nomos.

Hinte, W. (2006). Geschichte, Quellen und Prinzipien des Fachkonzepts „Sozialraumorientierung". In W. Budde, F. Früchtel, & W. Hinte (Hrsg.), *Sozialraumorientierung. Wege zu einer veränderten Praxis* (S. 7–26). VS Verlag.

Luthe, E.-W. (2009). *Kommunale Bildungslandschaften: Rechtliche und organisatorische Grundlagen*. Erich Schmidt.

Merchel, J. (2005). *Organisationsgestaltung in der Sozialen Arbeit: Grundlagen und Konzepte zur Reflexion*. Juventa.

Merchel, J. (2015). *Management in Organisationen der Sozialen Arbeit. Eine Einführung*. Beltz Juventa.

Miller, T. (2005). Die Störungsanfälligkeit organisierter Netzwerke und die Frage nach Netzwerkmanagement und Netzwerksteuerung. In U. Otto & P. Bauer (Hrsg.), *Mit Netzwerken professionell zusammenarbeiten Band II: Institutionelle Netzwerke in Steuerungs- und Kooperationsperspektive* (S. 105–126). dgvt-Verlag.

Rahnfeld, C. (2014). *Vernetzung von Elementar- und Primarbildung. Bedingungen und Grenzen organisationaler Steuerungs- und Lernprozesse*. VS Verlag.

Reutlinger, C. (2009). Raumdeutung- Rekonstruktion des Sozialraums „Schule" und mitagierende Erforschung „unsichtbarer Bewältigungskarten" als methodische Felder von Sozialraumforschung. In U. Deinet (Hrsg.), *Methodenbuch Sozialraum* (S. 17–31). VS Verlag.

Schönig, W. (2015). *Koopkurrenz in der Sozialwirtschaft. Zur sozialpolitischen Nutzung von Kooperation und Konkurrenz*. Beltz.

Schubert, H. (2018). *Netzwerkorientierung in Kommune und Sozialwirtschaft. Eine Einführung*. Springer VS.

Simon. (2019). *Einführung in die systemische Organisationstheorie*. Carl Auer.

Spatscheck, C. (2009). Methoden der Sozialraum- und Lebensweltanalyse im Kontext der Theorie- und Methodendiskussion der Sozialen Arbeit. In U. Deinet (Hrsg.), *Methodenbuch Sozialraum* (S. 33–44). VS Verlag.

Spieß, E., & Rosenstiel, L. (2010). *Organisationspsychologie*. Oldenburg.

Vilain, M. (2018a). Stakeholdermanagement. In K. Grunwald & A. Langer (Hrsg.), *Sozialwirtschaft. Handbuch für Wissenschaft und Praxis* (S. 442–451). Nomos.

Literatur zur Vertiefung

Merchel, J. (2015). *Management in Organisationen der Sozialen Arbeit. Eine Einführung.* Beltz Juventa.
Schubert, H. (2018). *Netzwerkorientierung in Kommune und Sozialwirtschaft. Eine Einführung.* Springer VS.
Vilain, M. (2018b). Stakeholdermanagement. In K. Grunwald & A. Langer (Hrsg.), *Sozialwirtschaft. Handbuch für Wissenschaft und Praxis* (S. 442–451). Nomos.

Ausblick 7

Es gibt wohl kaum einen Managementsektor, der so komplex und herausfordernd ist wie der des Managements sozialer Dienstleistungen. Der Fachdiskurs zur Theorie des Sozialmanagements wird in Deutschland vorrangig auf wissenschaftlicher Ebene geführt (Amstutz, 2014). Klassische Managementmodelle, die vor allem aus der Betriebswirtschaft stammen, versuchen die reale Komplexität mit Modellen und Strategien zu „bezwingen". Der Blick in die Praxis verrät jedoch schnell, dass es oft anders läuft als geplant. Jede Entscheidung in Organisationen führt in der Regel nicht nur zu gewollten und intendierten Ergebnissen, sondern oftmals auch zu unerwarteten, nicht vorhersehbaren Folgen. Im Glauben daran, dass dies kaum anders möglich ist und dass auch die/der beste Manager/in um die Wirklichkeiten, die Verwirrungen, Konflikte und die eben damit verbundenen Komplexitäten nicht umhinkommt, ist dieses Buch geschrieben.

Die systemische Organisationstheorie ermöglicht im Rahmen dieser Komplexität eine Reflexionsgrundlage und befähigt mutige und ernsthafte „Nutzer" systemtheoretischer Erkenntnisse, den organisationalen Realitäten „ins Auge zu sehen". Was nicht mehr und nicht weniger bedeutet, als dass beispielsweise durch Widerspruch erzeugte Konflikte, unterschwellige Macht- und Anerkennungskämpfe oder Inkongruenzen bei von Aufgaben- und Ergebnisinterdependenzen zwischen kooperierenden Organisationen erkannt, benannt und damit reguliert werden können. Nur so können Paradoxien intra- und interorganisationalen Handelns reguliert werden. Und auch nur so können Strategien und Instrumente in der Praxis *überlegt* und *bewusst* gewählt werden, die tatsächlich wirkungsvoll sind.

In diesem Angebot fordert die systemische Organisationstheorie ihren Nutzer/ ihre Nutzerin zum stetigen Denken, Reflektieren, Infragestellen, Neudeuten, Umorientieren etc. auf. Das ist ein forderndes Angebot, was mit dem Versprechen verbunden ist, organisationalen Realitäten auf die Spur zu kommen. Dabei ist offenkundig, dass die Systemtheorie bzw. die systemtheoretische Organisationswissenschaft nicht weniger komplex ist als der Managementsektor der Sozialwirtschaft. Diese Komplexität lässt sich in einem Lehrbuch nicht nehmen. Wenngleich durch Beispiele und symbolhafte Vergleiche Hilfestellungen gegeben werden können. Dennoch muss man wohl mit dem Dilemma leben, dass ein (beginnendes) Verständnis systemtheoretischer Zusammenhänge innerhalb und außerhalb von Organisationen zwangsläufig dazu führt, dass mehr Fragen entstehen, als beantwortet werden können. Es sei daher nochmal betont, dass keine Theorie je so komplex sein kann, dass die Komplexität sozialer Realitäten darin abgebildet werden kann. Einzig ist es möglich, eine höhere analytische Verständnisgrundlage zu erzeugen, um darüber sprach- und urteilsfähiger zu werden.

Zudem gilt es wohl im Ausblick eines solchen Buches zu erwähnen, dass Zukunftstrends und -technologien in den kommenden Auseinandersetzungen mit Ansätzen zum systemischen Sozialmanagement immer stärker Beachtung finden müssen. Digitalisierung ist hierbei wohl ein wesentlicher Aspekt, der zukünftig noch die Systembereiche der Sozialwirtschaft durchdringen wird und dessen Auswirkungen zum heutigen Zeitpunkt nicht mal in Ansätzen einzuschätzen sind. Denn zweifelsohne durchkreuzt Digitalisierung heute schon nahezu alle Lebensbereiche. Gleichzeitig ist bei einem Blick in die Praxis leicht erkennbar, dass die Nutzung, Übersetzung und Anwendung digitalisierter Technologien in den Bereichen der sozialen Dienstleistung und des Sozialmanagements noch stark ausbaubar sind. Empirische Befunde geben zu erkennen, dass viele sozialwirtschaftliche Organisationen noch nicht in Ansätzen das Potenzial ausgeschöpft haben, welches heute möglich ist (GFAW mbH, 2020).

Aus systemtheoretischer Sicht ist hierbei wohl die Haltung einzunehmen, dass Digitalisierung immer nur organisationsspezifisch bzw. -sensibel Einzug in die sozialen Unternehmen halten sollte. Denn mit einem systemtheoretischen Blick ist auch die Erkenntnis gewonnen, dass der stärkere Einfluss von Digitalisierung in Organisationen sehr uneinheitlich und vor allem spezifisch auf die Organisationsstrukturen erfolgen kann und wird (Büchner, 2018). Denn klar ist, „Digitalisierung wird in und durch Organisationen geprägt, jedoch auf multiple, von unterschiedlichen Logiken geprägte, zum Teil gegenläufige Art und Weise. Auch wenn vieles dafür spricht, dass Organisationen Digitalisierung in Summe eher ermöglichen und verstärken, bremsen und prägen sie Digitalisierung zugleich. Diese Uneinheitlichkeit sollte kein Grund sein, von Organisationen zu abstrahieren, sondern im Gegenteil, ihre Bedeutung in und für Digitalisierung empirisch zu erforschen und konzeptuell weiterzuentwickeln" (Büchner, 2018, S. 344). Dies vor allem vor der empirischen Erkenntnis, dass der Stand der Umsetzung und Nutzung von Digitalisierung in sozialwirtschaftlichen Unternehmen sehr stark von den handelnden Akteuren und nicht zuletzt von den Führungspersönlichkeiten abhängt (GFAW mbH, 2020). In diesem Zusammenhang offenbart sich eine weitere empirische „Lücke".

So zeigen sich beim Nachdenken über (systemtheoretische) Zusammenhänge im Sozialmanagement einige empirische „Lücken". Eine wesentliche Forschungslücke, die auch eng mit dem Thema Digitalisierung verbunden ist, zeigt sich vor allem in Bezug auf Führungskräfte und deren Führungseinstellungen und -verhalten. Weisen doch empirische Befunde beispielsweise daraufhin, dass organisationale Innovation nicht selten von Führungskräften abhängt. Dies bestätigt sich auch bei dem Thema Digitalisierung.

In diesem Zusammenhang würde es beispielsweise dringend mehr quantitative und qualitative Daten benötigen, um das Selbstverständnis von Führungskräften in der Sozialwirtschaft besser nachvollziehen und greifbar machen zu können. Denn es ist nach systemtheoretischen Erkenntnissen zweifelsohne unbestritten, dass „die Wahrscheinlichkeit eines angemessenen Leitungsverhaltens steigt, wenn die Leitungsperson in der Lage ist, eine Reflexion zur Leitungssituation in Verbindung zu bringen mit einer Selbstreflexion zu Aspekten der eigenen Persönlichkeit, die möglicherweise für das Verhalten in der jeweiligen Leistungssituation bedeutsam werden" (Merchel, 2015, S. 273).

Im Rahmen einer solchen Untersuchung sollten Items im Mittelpunkt stehen, die sich beispielsweise darauf konzentrieren das Selbstkonzept, die Intuition, Führungserfahrung sowie die Entscheidungs- und Reflexionsfähigkeit von Führungskräften in der Sozialwirtschaft empirisch zu überprüfen. Fragen könnten hierbei sein:

- Wie begreifen sich Führungskräfte selbst?
- Wie wird Führungserfolg definiert wird?
- Welches Bewusstsein und welche Reflexionsfähigkeit besitzen Führungskräfte in Bezug auf emotionale und rationale Wahrnehmungs- und Handlungsabläufe? Also wie fähig sind Führungskräfte, Empfindungen und Emotionen bei sich selbst und anderen wahrzunehmen und nach diesen zu handeln.
- Auch sollte man empirisch basierte Antworten darauf finden, wie wichtig Führungskräften das „Klima" in ihrer Organisation ist und welche Handlungsaktionen sie ergreifen, um dieses zu regulieren.
- Zudem stellt sich die Frage nach der grundsätzlichen „Idee von Führung", die emotional und rational verfolgt wird.
- Wie fähig sind Führungskräfte, sich auf die Ideen anderer Personen/ Mitarbeitenden einzulassen?
- Wie werden grundsätzlich die Wege der Entscheidungsfindung definiert?
- Welche Bedeutungen haben Selbstreflexionsprozesse und welche Instrumente werden hierfür in Anspruch genommen?

- Welche Instrumente werden genutzt, um Reflexion im Team zu ermöglichen und zu bewirken?
- Wie wird mit Veränderungen/ Konflikten innerhalb und außerhalb der Organisation tatsächlich umgegangen?

Mit diesen offenen Fragen an die Praxis, deren Reflexionsfläche die Systemtheorie sein kann, schließt dieses Buch. In dieser Offenheit entlässt es den Leser mit einer kleinen Erkenntnis aus der Praxis zu der Stetigkeit von Zuständen: „Bei Prozessen in Unternehmen ist es wie mit Kinderkleidung: Sie passen eine Zeit lang – doch mit der Zeit wächst die Organisation raus, und es bedarf eben neuer Prozesse" (Dobler, 2021).

Literatur

Abels, H., & König, A. (2016). *Sozialisation. Studientexte zur Soziologie.* Springer.
Amstutz, J. (2014). *Sozialmanagement und das Verhältnis zur Sozialen Arbeit.* Springer.
Bauer, G. (2013). *Einführung in das systemische Sozialmanagement.* Carl Auer.
Benz, A., Lütz, S., Schimank, U., & Simonis, G. (Hrsg.). (2007). *Handbuch Governance. Theoretische Grundlagen und empirische Anwendungfelder.* VS Verlag.
Berger, P. L., & Luckmann, T. (1977). *Die gesellschaftliche Konstruktion der Wirklichkeit.* S.Fischer.
Berghaus, M. (2011). *Luhmann leicht gemacht.* UTB.
Bertalanffy, L. v. (1951). Zu einer allgemeinen Systemlehre. *Biologia Genneralis. Archiv für die allgemeinen Fragen der Lebensforschung. Nr. 19*, S. 114–129.
Böttcher, W., & Merchel, J. (2010). *Einführung in das Bildungs- und Sozialmanagement.* Barbara Budrich.
Büchner, S. (2018). Zum Verhältnis von Digitalisierung und Organisation. *Zeitschrift Für Soziologie, 47*(5), 332–348.
Brandel, R., Gottwald, M., & Oehme, A. (2010). Übergangsmanagement im Kontext des Lebenslangen Lernens. In R. Brandel, M. Gottwald, & A. Oehme (Hrsg.), *Bildungsgrenzen überschreiten* (S. 9–22). VS Verlag.
Bundesagentur für Arbeit. (2016). *Gute Bildung – gute Chancen Der Arbeitsmarkt für Akademikerinnen und Akademiker in Deutschland.* Bundesagentur für Arbeit.
Bundesarbeitsgemeinschaft der Freien Wohlfahrtspflege. (2018). *Gesamtstatistik 2016.* BAGFW.
Burmester, M. (2011). *Sozialraumbezogene Sozialplanung und Sozialberichterstattung.* von https://doi.org/10.1007/978-3-531-92874-6_23. Zugegriffen: 28. Febr. 2018.
Cremer, G., Gildschmidt, N., & Höfer, S. (2013). *Soziale Dienstleistungen. Ökonomie, Recht, Politik.* UTB.
Dahme, H.-J., & Wohlfahrt, N. (2018). Die kommunale Ebene der Sozialpolitik. In K. Grunwald & A. Langer (Hrsg.), *Sozialwirtschaft. Handbuch für Wissenschaft und Praxis* (S. 145–158). Nomos.
Delfmann, W. (1998). *Die Heterarchie als postbürokratisches Organisationsmodell der Zukunft?* Universität Köln.
Deller, U., & Brake, R. (2014). *Soziale Arbeit.* Barbara Budrich.

Dobler, M. (2011). *Führungskompetenz beginnt mit Führungskommunikation*. KaDo.
Dobler, M. (2021). *Erkenntnisse Einsichten und Ansichten eines Coaches* (Bd. 3). KaDo.
Dörner, D. (2006). *Die Logik des Misslingens. Strategisches Denken in komplexen Situationen* (5. Aufl.). Rowolth.
Engelke, E., Spatscheck, C., & Bormann, S. (2016). *Die Wissenschaft Soziale Arbeit. Werdegang und Grundlagen*. Lambertus.
Feess, E. (2018a). *Konstruktivismus*. Von Springer Gabler: https://wirtschaftslexikon.gabler.de/definition/konstruktivismus-37530/version-260964. Zugegriffen: 19. Febr. 2018.
Feess, E. (2018b). *Kybernetik – Definition*. Von Gabler Wirtschaftslexikon: https://wirtschaftslexikon.gabler.de/definition/kybernetik-41182/version-264552. Zugegriffen: 30. Aug. 2018.
Finis Siegler, B. (2018). Meritorik in der Sozialwirtschaft. In K. Grunwald & A. Langer (Hrsg.), *Sozialwirtschaft. Handbuch für Wissenschaft und Praxis* (S. 195–206). Nomos.
Fürst, D. (2007). Regional governance. In A. Benz, S. Lütz, U. Schimank, & G. Simonis (Hrsg.), *Handbuch Governance* (S. 353–365). VS Verlag.
Gallup. (2018). *Engagement Index Deutschland*. Von http://www.gallup.de/183104/engagement-index-deutschland.aspx. Zugegriffen: 30. Juni. 2018.
Gerlach, F., & Hinrichs, K. (2018). Leistungserbringungsrecht in der Sozialwirtschaft. In K. Grunwald & A. Langer (Hrsg.), *Sozialwirtschaft. Handbuch für Wissenschaft und Praxis* (S. 168–194). Nomos.
Gesmann, S., & Merchel, J. (2019). *Systemisches Management in Organisationen der Sozialen Arbeit. Handbuch für Studium und Praxis*. Carl Auer.
Gevity Institut. (2007). Research report on phase 5 of Cornell University/Gevity Institute Study: Human resource management practices and firm performance in small businesses: A look at differences across industries. In J. Strelecky, *The Big Five for Life*. https://digitalcommons.ilr.cornell.edu/cahrswp/465/.
GFAW mbH. (2020). *Digitalisierungsstand der Thüringer Wohlfahrtspflege*. Freistaat Thüringen.
Glatzel, K., & Wimmer, R. (2014). Strategieentwicklung in Theorie und Praxis. In R. Wimmer, J. Meissner, & P. Wolf (Hrsg.), *Praktische Organisationswissenschaft. Lehrbuch für Studium und Beruf* (S. 241–266). Carl Auer.
Grawe, K. (2016). *Klaus-Grawe-Institut*. Von Unsere Grundbedürfnisse: https://www.klaus-grawe-institut.ch/blog/1205/. Zugegriffen: 3. Apr. 2017.
Grün, A. (2017). *Wertschätzung. Eine inspirierende Kraft gegenseitiger Achtung*. Herder.
Grunwald, K. (2018a). Organisationsentwicklung/Change Management in und von sozialwirtschaftlichen Organisationen. In K. Grunwald & A. Langer (Hrsg.), *Sozialwirtschaft. Handbuch für Wissenschaft und Praxis* (S. 333–355). Nomos.
Grunwald, K. (2018b). Management sozialwirtschaftlicher Organisationen zwischen Steuerungsskepsis, Dilemmatamanagement und Postheroischer Führung. In K. Grunwald & A. Langer (Hrsg.), *Sozialwirtschaft. Handbuch für Wissenschaft und Politik* (S. 371–390). Nomos.
Grunwald, K. (2018c). Qualitätsmanagement in der Sozialwirtschaft. In K. Grunwald & A. Langer (Hrsg.), *Sozialwirtschaft. Handbuch für Wissenschaft und Praxis* (S. 617–635). Nomos.

Grunwald, K. (2018d). Organisationen aus sozialwissenschaftlicher Perspektive. In K. Grunwald & A. Langer (Hrsg.), *Sozialwirtschaft. Handbuch für Wissenschaft und Praxis* (S. 223–238). Nomos.

Grunwald, K., & Langer, A. (2018). Sozialwirtschaft – Eine Einführung in das Handbuch. In K. Grunwald & A. Langer (Hrsg.), *Sozialwirtschaft. Handbuch für Wissenschaft und Praxis* (S. 45–64). Nomos.

Habermas, J. (1968). *Stichworte zu einer Theorie der Sozialisation.* Suhrkamp.

Haric, P. (2019). *Management – Definition.* Von Gabler Wirtschaftslexikon: https://wirtschaftslexikon.gabler.de/definition/management-37609/version-261043. Zugegriffen: 30. Aug. 2019.

Hennerfeind, P., Hennerfeind, B., & Swoboda, R. (2020). *Soziale Aspekte der Führung. Selbstführung – Fremdführung – Horizontale Beziehungen.* Springer Gabler.

Hinte, W. (2006). Geschichte, Quellen und Prinzipien des Fachkonzepts „Sozialraumorientierung". In W. Budde, F. Früchtel, & W. Hinte (Hrsg.), *Sozialraumorientierung. Wege zu einer veränderten Praxis* (S. 7–26). VS Verlag.

Hofemann, K. (2005). Handlungsspielräume des Neues Steuerungsmodells (NSM). In H. Schubert (Hrsg.), *Sozialmanagement* (S. 27–47). VS Verlag.

Holdenrieder, J. (2017). Einführung. In J. Holdenrieder (Hrsg.), *Betriebswirtschaftliche Grundlagen Sozialer Arbeit. Eine praxisorientierte Einführung* (S. 13–22). Kohlhammer.

Hug, B. (1999). Menschenbilder. In T. Steiger & E. Lippmann (Hrsg.), *Handbuch angewandte Psychologie für Führungskräfte* (Bd. I, S. 9–25). Springer.

Hug, B., & Spisak, M. (1999). Psychologische Grundlagen für Führungskräfte. In T. Steiger & E. Lippmann (Hrsg.), *Handbuch angewandte Psychologie für Führungskräfte* (Bd. I, S. 77–130). Springer.

Jung, S., & Wimmer, R. (2014). Organisatione als Differenz: Grundzüge eines systemtheoretischen Organisationsverständnisses. In R. Wimmer, J. Meissner, & P. Wolf (Hrsg.), *Praktische Organisationswissenschaft. Lehrbuch für Studium und Beruf* (S. 97–113). Carl Auer.

Jüster, M. (2018). Transformation der Subsidiarität. In K. Grunwald – A. Langer (Hrsg.), *Sozialwirtschaft. Handbuch für Wissenschaft und Praxis* (S. 689–702). Nomos.

Kühl, S. (2011). *Organisationen. Eine sehr kurze Einführung.* Springer VS.

Kühl, S. (2016). *Strategien entwickeln. Eine organisationstheoretische informierte Handreichung.* Springer VS.

Kühl, S. (2017a). *Leitbilder erarbeiten. Eine kurze organisationstheoretisch informierte Handreichung.* Springer.

Kühl, S. (2017b). *Laterales Führen. Eine kurze organisationstheoretisch informierte Handreichung.* Springer VS.

Kühl, S. (2018). *Organisationskulturen beeinflussen.* Springer.

Kieser, A., & Walgenbach, P. (2010). *Organisation.* Poeschel Verlag für Wirtschaft.

Kneer, G., & Nassehi, A. (2000). *Nikals Luhmanns Theorie sozialer Systeme.* UTB.

Koch. (2009). Die Bausteine neo-institutionalistischer Organisationstheorie – Begriffe und Konzepte im Laufe der Zeit. In S. Koch & M. Schemmann (Hrsg.), *Neo-*

Insititutionalismus in der Erziehungswissenschaft. Grundlegende Texte und empirische Untersuchungen (S. 110–132). VS Verlag.
Kolhoff, L. (2018). Personalmanagement und -führung. In K. Grunwald & A. Langer (Hrsg.), *Sozialwirtschaft. Handbuch für Wissenschaft und Praxis* (S. 452–473). Nomos.
Krappmann, L. (1969). *Soziologische Dimensionen der Identität. Strukturelle Bedingungen für die Teilnahme an Interaktionsprozessen.* Klett.
Kussau, J., & Brüsemeister, T. (2007). Educational Governance: Zur Analyse der Handlungskoordination im Mehrebenensystem der Schule. In H. Alrichter, T. Brüsemeister, & J. Wissinger (Hrsg.), *Educational Governance. Handlungskoordination und Steuerung im Bildungssystem* (S. 15–54). VS Verlag.
Laloux, F. (2017). *Reventing Organizations. Ein illustrierter Leitfaden sinnstiftender Formen der Zusammenarbeit.* Franz Vahlen.
Laloux, F. (2018). *Interview: "Sense and Respond".* Von Egon Zehnder: https://www.egonzehnder.com/de/interview-mit-frederic-laloux. Zugegriffen: 18. Mai. 2018.
Lambers, H. (2017). Ein systemtheoretisch reflektiertes Managementmodell für die Soziale Arbeit und die Sozialwirtschaft. In A. Wöhle & A. P. Fritze (Hrsg.), *Sozialmanagement-Eine Zwischenbilanz* (S. 141–153). Springer VS.
Langer, A. (2018a). Professionalisierung und Expertise (in) der Sozialwirtschaft. In K. Grunwald & A. Langer (Hrsg.), *Sozialwirtschaft. Handbuch für Wissenschaft und Praxis* (S. 841–857). Nomos.
Langer, A. (2018b). Soziale Dienstleistungen in sozialwirtschaftlichen Strukturen. In K. Grunwald & A. Langer (Hrsg.), *Sozialwirtschaft. Handbuch für Wissenschaft und Praxis* (S. 79–100). Nomos.
Luhmann, N. (1973). *Zweckbegriff und Systemrationalität.* Suhrkamp.
Luhmann, N. (1984). *Soziale Systeme.* Suhrkamp.
Luhmann, N. (2000). *Organisation und Entscheidung.* WDV.
Luhmann, N. (2014). *Vertrauen.* UVK UTB.
Luthe, E.-W. (2009). *Kommunale Bildungslandschaften: Rechtliche und organisatorische Grundlagen.* Erich Schmidt.
Malik, F. (2013). *Management. Das A und O des Handwerks.* Campus.
Mayntz, R. (2008). Von der Steuerungstheorie zu Global Governance. In G. Schuppert & M. Zürn (Hrsg.), *Governance in einer sich wandelnden Welt* (S. 43–60). VS Verlag.
McGregor, D. (1960). *The human side of enterprise.*
Meissner, J., Gentinle, G., & Tuckermann, H. (2014). Kommunikation: Eine Hinführung zum Kommunikationsverständnis der neuen Systemtheorie. In R. Wimmer, J. Meissner, & P. Wolf (Hrsg.), *Praktische Organisationswissenschaft. Lehrbuch für Studium und Beruf* (S. 192–2016). Carl Auer.
Merchel, J. (2005). *Organisationsgestaltung in der Sozialen Arbeit: Grundlagen und Konzepte zur Reflexion.* Juventa.
Merchel, J. (2009). *Sozialmanagement.* Juventa.
Merchel, J. (2015). *Management in Organisationen der Sozialen Arbeit. Eine Einführung.* Beltz Juventa.
Merchel, J. (2018). Planen und Steuern. In G. Graßhoff, A. Renker, & W. Schroer (Hrsg.), *Soziale Arbeit. Eine elementare Einführung* (S. 573–588). Springer VS.
Miller, T. (2005). Die Störungsanfälligkeit organisierter Netzwerke und die Frage nach Netzwerkmanagement und Netzwerksteuerung. In U. Otto & P. Bauer (Hrsg.), *Mit*

Netzwerken professionell zusammenarbeiten Band II Institutionelle Netzwerke in Steuerungs- und Kooperationsperspektive (S. 105–126). dgvt-Verlag.

Näf, H. (1999). Die Auswahl von Mitarbeitern und Mitarbeiterinnen. In T. Steiger & E. Lippmann (Hrsg.), *Handbuch angewandte Psychologie für Führungskräfte* (Bd. II, S. 39–76). Springer.

Nerdinger, F. W. (2003). *Grundlagen des Verhaltens in Organisationen*. Kohlhammer.

Nicolini, H. J. (2016). *Sozialmanagement. Grundlagen*. Bildungsverlag EINS.

Oschmiansky, F. (2010). *Bundeszentrale für politische Bildung*. http://www.bpb.de/politik/innenpolitik/arbeitsmarktpolitik/55048/steuerung-modernisierung?p=all. Zugegriffen: 22. Juli 2014.

Otterbach, A., & Wenig, C. (2017). *Führung durch Wertschätzung*. UVK.

Pressmann, J., & Wildavsky, A. (1973). *Implementation; How great expectations in Washington are dashed in Oakland; or, why it's amazing that federal programs works it all*. University of California Press.

Rahnfeld, C. (2014). *Vernetzung von Elementar- und Primarbildung. Bedingungen und Grenzen organisationaler Steuerungs- und Lernprozesse*. VS Verlag.

Renoldner, C., Scala, E., & Rabenstein, R. (2014). *einfach systemisch! Systemische Grundlagen & Methoden für Ihre pädagogische Arbeit*. Ökotopia.

Reutlinger, C. (2009). Raumdeutung- Rekonstruktion des Sozialraums „Schule" und mitagierende Erforschung „unsichtbarer Bewältigungskarten" als methodische Felder von Sozialraumforschung. In U. Deinet (Hrsg.), *Methodenbuch Sozialraum* (S. 17–31). VS Verlag.

Rosenstiel, L. (2003). *Grundlagen der Organisationspsychologie*.

Sachße, C. (2003). *Die Zukunft der Sozialen Dienste*. Von Schrader Stiftung: https://www.schader-stiftung.de/themen/gemeinwohl-und-verantwortung/fokus/oeffentliche-daseinsvorsorge/artikel/die-zukunft-der-sozialen-dienste/. Zugegriffen: 20. Jan. 2021.

Schönig, W. (2015a). *Koopkurrenz in der Sozialwirtschaft. Zur sozialpolitischen Nutzung von Kooperation und Konkurrenz*. Beltz.

Schönig, W. (2015b). Professionalität und Handlungsalltag in sozialen Diensten. Zwischen Markt und Staat – Kontroversese Positionen. *DZI, 15*, 362–388.

Schönig, W. (2017). Der Wettbewerb form die Profession. Soziale Arbeit an und für sich. *DZI, 4*, 122–127.

Schönig, W., Hoyer, T., & Potratz, A. (2018). *Lehrbuch Ökonomie in der Sozialen Arbeit*. Beltz Juventa.

Schilling, J., & Zeller, S. (2010). *Soziale Arbeit. Geschichte – Theorie – Profession* (4. Aufl.). UTB.

Schreyögg, G., & Geiger, D. (2016). *Organisation. Grundlagen moderner Organisationsgestaltung. Mit Fallstudien*. Springer.

Schreyögg, G., & Koch, J. (2020). *Management. Grundlagen der Unternehmensführung*. Springer Gabler.

Schubert, H. (2005). Sozialmanagement zwischen Wirtschaftlichkeit und fachlichen Zielen – Einführung. In H. Schubert (Hrsg.), *Sozialmanagement. zwischen Wirtschaftlichkeit und fachlichen Zielen* (S. 7–25). VS Verlag.

Schubert, H. (2018). *Netzwerkorientierung in Kommune und Sozialwirtschaft. Eine Einführung*. Springer VS.

Schwarz, G., & Wöhrle, A. (2017). Sozialmanagement heute – Eine Zwischenbilanz. In A. Wöhrle, A. Fritze, T. Prinz, & G. Schwarz (Hrsg.), *Sozialmanagement – Eine Zwischenbilanz* (S. 385–400). Springer VS.
Senge, P. (1996). *Die fünfte Disziplin*. Klett-Cotta.
Senge, P. (2017). *Die fünfte Disziplin*. Klett-Cotta.
Siedenbiedel, G. (2010). *Organisation*. UTB.
Simon, F. B. (2003). *Systemisches Management: Wenn Führung stört*. Weber and Friends GmbH.
Simon, F. B. (2011a). *Einführung in die Systemtheorie und Konstruktivimus*. Carl-Auer.
Simon, F. B. (2011b). *Einführung in die systemische Organisationstheorie*. Carl Auer.
Simon, F. B. (2019). *Einführung in die systemische Organisationstheorie*. Carl Auer.
Simon, H. A. (1957). *Adminstrative behavoir*. The Free Press.
Spatscheck, C. (2009). Methoden der Sozialraum- und Lebensweltanalyse im Kontext der Theorie- und Methodendiskussion der Sozialen Arbeit. In U. Deinet (Hrsg.), *Methodenbuch Sozialraum* (S. 33–44). VS Verlag.
Spieß, E., & Rosenstiel, L. (2010). *Organisationspsychologie*. Oldenburg.
Steiger, T. (1999). Das Rollenkonzept der Führung. In T. Steiger & E. Lippmann (Hrsg.), *Handbuch angewandte Psychologie für Führungskräfte* (Bd. I, S. 43–76). Springer.
Ulrich, H. (1972). Das St.Galler Management-Modell. In H. Ulrich (Hrsg.), *Gesammelte Schriften. Band 2* (S. 13).
Vaudt, S. (2018). Sozialmarketing. In K. Grunwald & A. Langer (Hrsg.), *Sozialwirtschaft. Handbuch für Wissenschaft und Praxis* (S. 578–591). Nomos.
Vilain, M. (2018). Stakeholdermanagement. In K. Grunwald & A. Langer (Hrsg.), *Sozialwirtschaft. Handbuch für Wissenschaft und Praxis* (S. 442–451). Nomos.
von Reith, F., & Wimmer, R. (2014). Organisationsentwiklucng und Change-Management. In R. Wimmer, J. O. Meissner, & P. Wolf (Hrsg.), *Praktische Organisationswissenschaft. Lehrbuch für Studium und Beruf* (S. 139–166). Carl Auer.
Watzlawick, P., Beavin, D., & Jackson, D. (1967). *Menschliche Kommunikation*. Huber-Verlag.
Weick, K. E. (2009). Bildungsorganisationen als lose gekoppelte Systeme. In S. Koch & M. Schemmann (Hrsg.), *Neo-Institutionalismus in der Erziehungswissenschaft: Grundlegende Texte und empirische Studien* (S. 58–109). VS Verlag.
Wendt, W. R. (1995). *Geschichte der Sozialen Arbeit 2. Die Professionalität im Wandel ihrer Verhältnisse*. UTB.
Wimmer, R., & Schumacher, T. (2014). Führung und Organisation. In R. Wimmer, J. O. Meissner, & P. Wolf (Hrsg.), *Praktische Organisationswissenschaft. Lehrbuch für Studium und Beruf* (S. 217–240). Carl Auer.
Wimmer, R., Meissner, J., & Wolf, P. (2014). *Praktische Organisationswissenschaft. Lehrbuch für Studium und Beruf*. Carl Auer.
Wöhrle, A. (2012). *Zur Definition von Sozialmanagement und Managament in der Sozialwirtschaft*. von Bundesarbeitsgemeinschaft Sozialmanagement/Sozialwirtschaft: http://www.bag-sozialmanagement.de/fileadmin/docs/Woehrle_Sozialmanagement.pdf. Zugegriffen: 4. Aug. 2014.
Wöhrle, A. (2019a). Sozialmanagement und Management in der Sozialwirtschaft. In A. Wöhrle, R. Beck, G. Grunwald, K. Schellberg, G. Schwarz, & W. Wendt (Hrsg.), *Grundlagen des Managements in der Sozialwirtschaft* (S. 179–218). Nomos.

Wöhrle, A. (2019b). Sozialmanagement und Management in der Sozialwirtschaft. In B. Wöhrle, S. Grunwald, & W. Schwarz (Hrsg.), *Grundlagen des Managements in der Sozialwirtschaft* (S. 179–218). Nomos.

Zimmer, A., & Paul, F. (2018). Zur volkswirtschaftlichen Bedeutung der Sozialwirtschaft. In K. Grunwald & A. Langer (Hrsg.), *Sozialwirtschaft. Handbuch für Wissenschaft und Praxis* (S. 103–117). Nomos.

The manufacturer's authorised representative in the EU is Springer Nature Customer Service Centre GmbH, Europaplatz 3, 69115 Heidelberg, Germany. If you have any concerns regarding our products, please contact ProductSafety@springernature.com

Printed and bound by CPI Group (UK) Ltd, Croydon, CR0 4YY

23/03/2026

02076465-0008